食の本　ある料理人の読書録

稲田俊輔
Inada Shunsuke

目次

※書誌情報は二〇二五年三月現在のものです。

まえがき

小学生の頃、読書感想文が大嫌いでした。なんであんなものを書かされなきゃいけないのか、僕にはさっぱりその意味がわかりませんでした。

読書自体は大好きでした。小学校に入学した時は、そこに図書室という施設があることを知って歓喜したものです。親からはずいぶんたくさんの本を買い与えてもらっていましたが、当然それは全て読み尽くしており、特にお気に入りの本は何度も繰り返し読んだ結果、比喩ではなく文字通り擦《す》り切れていました。だから、無尽蔵とも言える本が読み放題の図書室は、僕にとって夢のような場所だったのです。

図書室に入り浸れる時間は、面白そうな本を片っ端から読みました。しかし本を借りる場合は、面白そうかどうかは決して最優先事項ではありませんでした。なぜなら本を借りるのは一週間に一冊までという決まりがあったので、その時の僕にはなるべく分厚く活字が細かいことが大事だったからです。とにかく、なかなか読み終わらない本を選ぶことが重要でした。

それはもはや本好きと言うより「活字中毒」とでも言うべきものだったのかもしれませんが、何にせよ、本は読んでいるその間だけが重要でした。僕は束の間《つかのま》、現実を離れて本の世界を旅します。そして、そこから戻ってきたらまた次に旅する世界を図書室で探します。その世界は、その世界だけで完結していたのです。だから読書感想文などというものは、僕にとっては蛇足、無駄、いやむしろその世界に対する冒瀆《ぼうとく》と言ってもいいものでした。

そんな小学生時代の僕は、ちっとも気の乗らない読書感想文を何とか体裁だけでも整えるために、それを機械的にこなすためのスタイルを完成させました。それは、とりあえず全体をあらすじにまとめ、その一段落ごとに何かしらコメントを一言付け加え、最後を大人が喜びそうな優等生的感想で締める、というものでした。仮に『桃太郎』ならこんな感じです。さすがに小学生でも桃太郎が課題図書になることはなかったでしょうけど。

桃太郎はおじいさんがひろってきた桃から生まれました。ぼくは人間が桃から生まれることがあるのかとびっくりしました。

桃太郎はわるいおにをたいじするためにたび立ちますが、そのときおばあさんにきびだんごをもたされました。ぼくもきびだんごというものを食べてみたいと思いました。

〈中略〉

ぼくも桃太郎のように、正しいことのためにはいつでもゆう気をもって立ち向かっていきたいと思います。


人は成長するものです。大人になった僕はいつしか、本の中の世界が本の中だけでは完結しなくなっていることに気が付きました。読書そのものが、単にその世界の傍観者として、そこに書かれたことを受け止めて吸収するだけのことではなくなったということです。

桃太郎であれば、その時代におけるきび団子という食べ物の食文化における位置付けや携行食としての保存性に思いを馳《は》せ、桃太郎が実はただの独善的なテロリストでしかなかった可能性を疑ったりするようにもなったということです。犬や猿はまだしもキジまでもが戦闘に参加したのは、単なる同調圧力だったのではないか、とか。

それは、言うなれば作者との対話とも言えます。共感、疑問、反論、発展、そういった様々なテーマが、作者の描き出す世界と自分のこれまでの人生が邂逅《かいこう》する中から生まれてくるのです。本書は、そういった心の中の対話を一つひとつ記した、言うなれば子供時代の読書感想文へのリベンジのようなものです。

そもそも、本の世界と相対するような人生などまだほとんど背負っていない子供にとって、読書感想文というのはあまりにも荷が重いのかもしれません。そこには、読書というミッションを宿題としてこなした証拠の提出、というくらいの意味しかなかったのではないでしょうか。僕は子供時代の自分に対して、どうだ大人になったらこんな感想文が書けるようになるんだぞ、と自慢したい気持ちです。だから今、つまらない感想文しか書けなくても仕方ない。そんなことは気にせず今の調子でどんどん本を読め、と言ってやりたい。

この本は、いわゆる「書評」ではありません。純然たる読書感想文、すなわち作者との妄想対話集ということにもなります。そして読書の中でも、食べ物にまつわるものにテーマを絞っています。食べ物というのはだいたい何かしらの共通体験があるものですから、作者の世界と自分の人生は度々邂逅します。そこで生まれた様々な想《おも》いを素直に綴《つづ》ったのがこの本です。

取り上げた本は、若き日に背伸びして手に取った本から、同時代を生きる今の作家さんのものまで様々です。幸いなことに最近は、そんな作家さんたちと直接お会いする機会も増えました。しかし不思議なもので、本を読んでいる間の心の中ではあれだけ雄弁だった僕も、本人を前にすると照れくさくって何も言えなくなってしまいます。対談のような場であったら、いつまでも黙っているわけにもいかないのですが、そういう時はなんとなく微妙に核心を避けた話題に終始しがちです。もしくは意を決して早口でひたすら一方的に感想を捲《まく》し立て、話し終わるとすっかり恥ずかしくなって、相手の目も見られずに下を向いてモジモジしてしまうか……。

そんな不甲斐《ふがい》ない僕ですが、もしかしたらそれは対談相手の作家さんも「お互い様」なてきたかもしれません。それが読書というものなのでしょう。本の読み方は少しずつ変わってきたかもしれないけど、一つの世界に没頭してそれを味わい尽くす、という意味では、結局何も変わっていないのかもしれません。この本をきっかけに、読者の皆さんがそんな新しい世界をまた一つ発見できることになれば幸いですし、この本そのものとの妄想対話も楽しんでいただければ、僕も著者冥利《みょうり》に尽きるというものです。

水上《みずかみ》　勉《つとむ》『土を喰う日々―わが精進十二ヵ月―』（新潮文庫、一九八二年）
※単行本『土を喰ふ日々』（文化出版局、一九七八年）

僕が本格的に料理の世界に飛び込んだのは二〇代後半。プロとしてはかなり遅いスタートでした。そしてそこから最初の約五年は、主に和食の世界に携わりました。それまでアルバイトやダブルワークというかたちで常に飲食の世界に片足を突っ込んできた僕でしたが、そこで触れていたのは、どちらかというとイタリアンなどの洋食の世界が主でした。なので僕はその時期に初めて、プロの和食の世界を知ったということになります。

それは、門前の小僧的に親から自然と学んだ家庭の和食とは似て非なるものでした。一言で言えば、とにかく洗練されているのです。大根や里芋の皮は、繊維を感じさせないようにとにかく厚く剝《む》き、それを一回下茹《したゆ》でして水に晒《さら》し、雑味やアクをすっかり抜いた後、改めてだしに沈めて沸騰させないようにコトコトと煮含めます。そのだしは、たっぷりの鰹節《かつおぶし》や昆布《こぶ》を、これまた決して煮立たせないよう細心の注意を払って、清澄《せいちょう》かつうま味をたっぷり含んだ香り高い味わいに仕立てられたもの。そして葱《ねぎ》や茗荷《みょうが》などの薬味は、薄刃の包丁でとにかく薄く薄く刻んだ後、冷水に放ってアクや苦味を抜きます。

これはすごい！　と、僕はあっという間にその世界に心酔しました。ただしその店はあくまで体裁としては「居酒屋」でしたので、そういう清廉な和食だけではやっていけません。店の評判を高めたのは、むしろ、うま味の強い調味料やリッチな味わいの食材を使って、酔客の舌を一口で満足させるひたすらキャッチーな味わいの料理でした。実際のところ、そういうのもまた現代の和食の役割です。

僕は当時、その両方に夢中になりました。本当のことを言えば、元々はイタリアンかエスニックがやりたかったので、和食は半ば渋々だったのです。しかし、そんな気持ちはあっという間に吹っ飛びました。

そんな時代に、（幸か不幸か）うっかり出会ってしまったのが、水上勉さんの『土を喰《くら》う日々』でした。人気小説家であった著者が長野県の田舎で自ら包丁を振るい、日々の食事や来客へのもてなしのために料理を作り続ける日々が一年にわたって描かれたエッセイです。その料理の基礎は、少年時代に禅寺での奉公で習いおぼえた精進料理。

あの独特のすがたをした小芋は、よくたわしで土をそぎおとしただけで、茶褐色のタテジワのよった皮をもっている。ぼくらはこの皮が、多少はのこるぐらいのところでやめる、独特の方法でむいたものだ。〈中略〉ところが、テレビ番組の板前さんは、包丁を器用につかい、小梅ぐらいの大きさにまでむき、厚い身を捨てて平然としている。これでは芋が泣く。というよりは、つい先ほどまで、雪の下の畝の穴にいたのだ。冬じゅう芋をあたためて、香りを育てていた土が泣くだろう。

僕がそれまで無邪気に信奉していた「プロの世界の繊細な技法」を全否定するかのようなこんな価値観が、この作品の中では繰り返し語られます。僕にとってはパラダイムシフトとでも言いましょうか、ショッキングな読書体験でした。

しかし同時に、僕はこの世界観に対してどこかホッとするような、ある意味「我が意を得たり」とでも言いたい共感も同時に抱いていたのです。

例えば、習いおぼえたばかりの和食の世界では、葱や茗荷だけでなく、大根おろしも水に晒していました。僕は微妙にこれに納得がいっていなかったのです。水に晒した大根おろしからは、その独特の香りや辛味はほとんど失われます。師匠にそのことを率直に言うと、「晒すことによって、雑味やエグ味が抜け、甘みだけが残って食べやすくなるんだ」という明確な回答が得られました。実際にお客さんからも「家で食べる大根おろしは辛いばっかりでちっともおいしくないけど、ここの大根おろしはおいしくてどれだけでも食べられます」という称賛を頂いたこともありました。

皮を分厚く剝き丹念に下ごしらえした野菜を、一種類ずつ微妙に異なるアタリ（和食用語で「味付け」の意味）のだしで煮含めた後、一つの碗《わん》に盛り合わせる「炊き合わせ」は、確かに精緻な技術の結晶でした。しかしそれは子供の頃に祖母がこしらえてくれた、庭の畑で採れたての育ちすぎた野菜や裏山の筍《たけのこ》をまとめてごった煮にする「煮しめ」ほど感動的なおいしさではない、ということも（決して口には出しませんでしたが）内心思っていました。もちろん単なる田舎料理といえばそれまでだし、見た目も含めて料理屋にふさわしいものでもないことも充分すぎるほど理解してはいましたが。

しかし、すっかりこの本に感化されてしまった僕は、大根おろしを水に晒すことを勝手にやめました。晒さない大根おろしは時間を置くと茶色く変色してしまうので、なるべく直前にその場でおろすことにした結果、提供時間に遅れが生じることもありました。

炊き合わせ用の里芋は相変わらず言いつけ通り分厚く剝いていましたが、その皮をとっておいて素揚げして、八寸（細々した盛り合わせ料理）の隅っこにこっそり、味噌《みそ》を塗って配置しました。

そのあたりまでは見て見ぬふりをしてくれていた師匠ですが、大根と人参の皮を剝かずに煮物にした時はさすがに、「気持ちはわからんでもないがやりすぎである」と釘《くぎ》を刺されました。思えばいろいろ偉かったな、師匠。

このエピソードは、僕がとかく影響を受けやすく、なおかつそれを軽率に実行に移す無駄な行動力があるという話ではあります。しかしそれは同時にこの本が、僕でなくても和食に興味があれば誰もがすぐそれを真似《まね》したくなる……もう少し直截的に言えば「かぶれてしまう」、そんな強い影響力に満ちた一冊であることも物語っているのではないでしょうか。

著者は九歳から禅寺に入り、その後一六歳からの二年間、東福寺管長だった尾関本孝老師の隠侍として、食事や身の回りの世話などを務めました。本書ではその当時の、主に料理に関する師の様々な教えが繰り返し回想されています。そして著者は、自分の料理は、先達の教えから学んだことを忠実に守っているだけである、ということをまた何度も述べています。

そう書くと、もしかしたらそこに、禅宗の寺院ならではの厳格な教えやしきたり、つらい修行の日々みたいなことを思い浮かべるかもしれませんが、少なくともここで描かれる当時の生活は、どこかのほほんとした印象すらあります。

ある時、著者はほうれん草のおひたしを作るのに、赤い根の部分を切り落として捨てていたのを老師に見つかり諭されます。

「いちばん、うまいとこを捨ててしもたらあかんがな」
老師は怒るふうでもなくそう言い、
「よう洗うて、ひたしの中へ入れとけ」
と指示するのです。

少年時代の著者は、酒好きの老師のために、食事を求められたら、とりあえず昆布の素揚げに塩を添えて供します。そこから、畑で採れたわずかばかりの野菜を前に、それをどう料理するかを考え始めます。

そんな著者は味付けに「味醂《みりん》はつかっても、なまなかのことでは酒はつかわない」と言います。ほほう、そこに精進料理のいかなる神髄が？　と興味深く読み進めると、何のことはありません。

本孝老師は酒好きだったから、料理の味つけにつかったりすると叱られた。それがいまもぼくにのこっている。

思わず、ずっこけてしまいます。

そんな少年時代を送った著者が人気作家になってから長野の田舎で作る四季折々の料理は、いかにもストイックな精進料理です。同時に、本孝老師の飄々《ひょうひょう》たる振る舞いをそのまま受け継いだかのように、のほほんと牧歌的でもあります。そして更にそれはある意味、享楽的ですらあるのです。

畑で採れた土の匂いがする季節の野菜や、質素な乾物《かんぶつ》でシンプルに作られるその料理を、著者は「貧しく汚らしいものに思えるかもしれない」と一応、卑下しますが、もちろん本心ではそんなことは露ほども思っていないのは明らかです。今どきの言葉で言うならば「自虐風自慢」といったところでしょう。著者はただただ自分がうまいと思うものを喰らい、またそれで来客をもてなしたいのです。本当にそれだけなのです。

清々《すがすが》しいまでのエピキュリアン。人間、かくありたいものです。

平野紗季子《さきこ》『生まれた時からアルデンテ』（文春文庫、二〇二二年）
※単行本（平凡社、二〇一四年）

平野紗季子さんのデビュー作『生まれた時からアルデンテ』を読んだ時、僕は咄嗟《とっさ》に、「食エッセイの世界にも、ついに同世代の書き手が現れた！」と感じてしまいました。そしてこの感想は盛大に間違っています。平野紗季子さんは一九九一年生まれ。一九七〇年生まれの僕とは、どうかすると親子ほども年齢差があるのです。すぐその勘違いに気付いてもなお僕は、心の中で彼女にこんなメッセージを勝手に送り付けてもいました。

「僕も生まれた時からアルデンテですよ！」

アルデンテの概念を日本に初めて伝えたのは、一九六五年に出版された伊丹十三氏の伝説的なエッセイ『ヨーロッパ退屈日記』（文藝春秋新社、のち文春文庫、新潮文庫）であるという説があります。この説自体の真偽はともかくとして、この本は僕の両親の愛読書でもありました。そして少なくとも僕が物心付いた時には既に、我が家にはアルデンテ文化がすっかり根付いていたのです。

もっともそれは、バブル期のイタリア料理ブーム以降に定着したものとは少し異なってもいました。少なくともそれは「パスタ」と呼ばれることはなく、あくまで「スパゲッティ」（当時これまた母親の愛読書であった『暮しの手帖』ふうに言うならば「スパゲチ」）でした。最も頻繁に食卓を飾っていたのはスパゲッティ・ミートソースです。他にはボンゴレやペスカトーレ、バジリコ、和風きのこ、たらこスパゲッティあたりが「お家《うち》アルデンテ」の定番でした。

逆に、ナポリタンを家で食べた記憶はほとんどありません。それは、自分にとって遠い食べ物でした。『生まれた時からアルデンテ』の中で、平野紗季子さんもナポリタンについてはこのように書いています。

芯のないことが誇りかのように開き直る喫茶店のナポリタンが嫌いだし、それを愛している人たちの団結力やアルデンテに対する反骨心とも出来る限り距離をとって生きていきたいと思っている。

じゃあ高級ホテルのロビーレストランにありがちな「大人のナポリタン」はいいのか、あれはアルデンテじゃないか、というとそうではなく、あれはあれで、ナポリタンという言葉の持つ懐かしさや、それにまつわるホッとした気持ちにつけこんで、容易に客と手をつなぎたいのだろうか、思い出系のあざといメニューに思われてどうも好きになれない。

これは僕にとって、世の中のナポリタンについて書かれた様々な文章の中で、最もすんなりと共感できるものでした。それはどういうことなのか。その説明のために、今度は『ヨーロッパ退屈日記』からもナポリタンに関連すると言える部分を引用してみましょう。ちなみに当時の日本では、今で言うナポリタンが「イタリアンスパゲッティ」と呼ばれることも多かった時代です。

マドリッドのイタリー料理店で、メニューにスパゲッティ・イタリヤーノなんて出てる。これはいけませんよ。

こういう店のスパゲッティは、概して日本で食べるスパゲッティに似ています。スパゲッティが茹で過ぎてフワフワしてる。色んな具がはいって、トマト・ソースで和え、フライパンで炒《いた》めて熱いうちに供す、ということなのでしょうか。

これは断じてスパゲッティではないのです。〈中略〉しからば、真のスパゲッティとはどういうものなのか。


現代日本のナポリタンと同種のものが「断じてスパゲッティではない」と全否定され、そこから「本物はどういうものか」が、微に入り細を穿《うが》って語られます。

そして、以降世の中でこういう考え方はすっかり支配的なものとなっていくわけです。日本人はそれまでずっとお世話になってきたナポリタンへの恩を忘れたかのように、それをイタリア式のパスタより劣るものと明確に位置付けました。

ところが面白いもので、そこからはまたすぐに逆の価値観も生まれます。ナポリタンはイタリアのパスタとは全く別の食べ物として愛すべき存在である、という考え方。現代においてはむしろそれが主流と言えるでしょう。「普段は本格的なパスタを楽しんでいる俺も、時々無性にナポリタンが食べたくなるんだよね」、みたいな物言いが典型的です。今どき「イタリアのパスタこそ本物でナポリタンは偽物《にせもの》である」なんてことを真顔で言ったら、逆に笑い物になることでしょう。そういう意味で、今やナポリタンは決して貶《けな》してはいけないものになっています。ある種の聖域とも言えます。枕詞《まくらことば》に「懐かしの」が付くのもお約束。

それは、イタリアのパスタこそが正しい、という権威主義を否定した結果、また別の権威主義に囚《とら》われているようにも思えます。平野さんがなかなかに厳しい言葉で違和感を表明するのは、まさにそこに対してです。

『生まれた時からアルデンテ』は、この種の権威主義からは解き放たれた世界観で構築されています。そこにおけるナポリタンは、「劣った偽物」でもなければ「賞賛しなければならないノスタルジー」でもありません。彼女にとっては単に「嫌いなもの」「距離を置きたいもの」、それ以上でもそれ以下でもありません。ある種の徹底した個人主義です。

その徹底ぶりは、パスタのみならず、この本で取り上げられているあらゆる食べ物に関して貫かれています。それは文化の相対化とも言い換えられるでしょう。従来のグルメ的文脈で語られ続けてきた「上流／下流」のランク付けも、一世を風靡《ふうび》した食マンガ『美味しんぼ』における「本物／偽物」のイデオロギーも、一瞬で無効化してしまうかのようなクリティカルな一撃。そういった一世代前の価値観に、がっつり影響されつつもどこかで辟易《へきえき》としていた我々が一斉に快哉《かいさい》を叫んだのが「平野紗季子という事件」でした。

そしてまたそれは、東海林《しょうじ》さだおさんや椎名《しいな》誠さんのような、「上流」や「本物」に対するアンチテーゼたるパンクスピリットとも無縁です。とにかく自身が経験してきたあらゆる食べ物を、権威も反骨も関係なく自分がどれだけ愛せるかだけを基準に選別した、さしずめ「食べるセレクトショップ」といったところでしょうか。そこには、そのセンスや美意識に共鳴した人々が集います。

そんな平野紗季子さんの文化相対主義に、僕はどこか九〇年代のサブカルチャーを重ね合わせてしまいます。つまり、既に評価の定まった文化も、取るに足らないものとして見過ごされてきたモンドカルチャーも、分け隔てなくシャワーのように浴びに浴びた上で自分好みにセレクトして再構築する文化。そしてそんな極めてパーソナルな営みに新たな価値が生まれるか否か、それは、愛の深さと、そしてズバリ「文化資本」次第です。

文化資本という言葉は、時に、やっかみや分断を煽《あお》るものとしてネガティブな文脈で揶《や》揄《ゆ》的に使われたりもします。しかし文化資本というのは文字通り「資本」なのであり、それが投下された世界を確実に豊かにします。平野紗季子さんは間違いなく、今も世界を豊かにし続けている、同時代のサブカルヒーローです。

『生まれた時からアルデンテ』の、内容のみならず装丁やデザインにまで横溢《おういつ》する古き善きサブカル感は、いったい何に由来するのでしょう。それは、(アルデンテのパスタ同様) 平野紗季子さんが生まれた時から当たり前に吸い込んできた時代の空気なのでしょうか。それとも若き彼女を見出《みいだ》した (元サブカル少年少女であろう) 大人たちにとって、彼女が久々のヒーロー、しかも「食」という領域で初めて現れたと言っていいサブカルヒーローであった、その熱狂が醸し出したものなのでしょうか。僕は勝手に、その両方だろうと思っています。

この本の中で、石毛直道氏のエッセイを引いて、食べるシチュエーションそのものがある種の料理たりうると喝破した鮮やかな文章には、ご自身が妹君と一緒にバスルームでパピコを楽しんでいる写真が添えられています。その写真は、食がテーマの本としてはあまりにも、あまりにも斬新であると同時に、そんな懐かしいサブカル感にも溢《あふ》れています。あのページを開いた瞬間に、僕の頭の中にはフリッパーズ・ギターの『バスルームで髪を切る100の方法』が鳴り響きました。

土井善晴《どいよしはる》『一汁一菜でよいという提案』（新潮文庫、二〇二一年）

※単行本（グラフィック社、二〇一六年）

僕はかつて和食屋の店主でした。三〇代の頃です。その店は和食屋としては少し特殊な立ち位置の店でした。簡単に説明すると、「居酒屋と割烹《かっぽう》の中間」といったところでしょうか。割烹で出てくるようなちょっといい料理を、居酒屋感覚で気軽に楽しめる店、というコンセプト。周りにそういう店はあまりなかったので、それなりに繁盛していました。

その店では、いつからともなく「金曜日のまかないはカレー」という習慣が定着していました。市販のカレールーを使ったごく普通のカレーです。ただし普通のカレーと少し違うのは、具がめっぽう多彩なことでした。いや、多彩といえば聞こえがいいですが、実態は、店の営業で余ったものが手当たり次第にぶち込まれていただけです。野菜はニンジン・ジャガイモ・玉ねぎ、という定番にはこだわらず、里芋でも大根でもゴボウでもなんでも入りました。豆腐や油揚げも当たり前、そしてだしを引いた後の昆布はむしろ必ず入るレギュラー枠。刺身としては出せなくなった魚が入ることもありましたし、仕込みすぎた煮物が煮汁ごと投入されることも。見た目はかなり面妖《めんよう》（特に昆布が異様）でしたが、水の代わりに、店では余りがちな「二番だし」が入ることもあり、毎回かなりおいしい「和風カレー」に仕上がりました。店には若いスタッフが多かったこともあり、常に一人一合分以上炊いていた米も、あっという間になくなったものです。

そのうち、この「何でもあるものをぶち込む」という思想は、カレーの日以外にも適用されるようになっていきました。余っているだしや煮物の残り汁を沸かし、そこに野菜屑《くず》から何から目に付いたものをやっぱり手当たり次第放り込んでいくのです。だしがらの昆布は毎回入ります。そこに最後、味噌を溶き入れることもあれば、醤油《しょうゆ》で味付けすることも。時には片栗粉で薄くとろみを付けたり、そこに更に大根おろしを足す「みぞれ仕立て」にしたり、いずれにしろ要するに「具沢山汁」ということです。

最初は味付けごとに「味噌汁」「けんちん汁」などとその都度、名前を分けて呼んでいましたが、そのうち十把《じっぱ》一絡《ひとから》げに「ごつごつ汁」と呼ばれるようになり、いつしか金曜日のカレーを除けば、まかないは毎日「ごつごつ汁」ということになったのです。いや、むしろ金曜日のカレーも「ごつごつ汁のバリエーションの一つである」という認識にすり替わったと言っていいかもしれません。

ごつごつ汁が定着したのは、もちろん作るのが楽で材料の無駄もない、という実利的な面も大きかったのですが、もちろんそれだけではありません。スタッフ全員がそれを歓迎したのです。忙しい仕事の合間にどんぶり飯とどんぶり一杯の汁、そしてちょっとした小皿のおかず、という組み合わせは、極めてミニマルながら、いやミニマルだからこそ、そこにはなんとも言えない充足感がありました。

『一汁一菜でよいという提案』を読んだ時、そんな十数年前の光景を、昨日のことのように鮮やかに思い出しました。

今、多くの人が毎日のように「今日のおかずは何にしよう」と悩むと聞きますが、一汁一菜が基本であると考えれば、何も難しいことはありません。一汁一菜は、現代に生きる私たちにも応用できる、最適な食事です。おかずをわざわざ考えなくても、ご飯と味噌汁を作り、味噌汁を具だくさんにすればそれは充分におかずを兼ねるものとなります。

土井先生の提案は、このように実に単純明快です。そしてそれは、現代の日本人、特に毎日家庭で家族の食事を用意する人々——そのこと自体の是非はともかく、それを担っているのは主に主婦という役割にある女性です——にとっての救済でもあります。

日本の食が極めて豊かなものになってから、もうずいぶん経《た》ちます。僕自身もそうですけど、むしろ豊かな日本しか知らない人がほとんどでしょう。そんな日本における「理想的な家庭料理」というものは、極めて限定的なスタイルに収束しています。すなわち、ひときわ大きな皿に盛り付けられる肉や魚の主菜《メインディッシュ》を中心とする献立。その主菜を取り囲む複数の副菜は、栄養バランスや彩りにも気を配る必要があります。ほうほうの体でそこまで用意して、更に汁物もご飯と共に添えられる。

このスタイルは、もとはと言えば外食産業からの借り物です。なのにそれはいつの間にか、欠くべからざる日本の伝統のように扱われるようになりました。借り物なので、同じようなものは外食で簡単に手に入るわけですが、残念ながら家庭料理は手作りであることがよしとされます。それは、最近はすっかり旗色が悪くなったはずの旧弊な「良妻賢母」思想が、そこだけゾンビのように生き残っているかのよう。生き残るどころか、「インスタ映え」や「丁寧な暮らし」といった新しい概念が、そこに更なる呪いをかけています。土井先生は、そういう固定化したスタイルをいったん全否定することで「解呪《かいじゅ》」を行おうとしています。映画『エクソシスト』における悪魔祓《ばら》いの神父のようです。

一汁一菜のような身体が求めるお料理は、作り手の都合でおいしくならないことがあります。おいしい・おいしくないも、そのとき次第でよいのです。そう思って下さい。必要以上に味を気にして、喜んだり、悲しんだりしなくてもいい。

土井先生はなんと、「時にはおいしくなくてもいい」とまで言い切っています。これは解呪のテクニックとして極めて重要な、いわば高位の白魔法。なぜなら、「土井先生はプロだから、そんな一見粗末なものでもおいしく仕上げてしまうのでしょう？」

という臆病な猜疑心《さいぎしん》をも撥《は》ね除《の》けてしまうものだからです。

そんな土井先生の「一汁一菜思想」に先行した、ある意味それとは対照的とも言える、もう一つの「解呪」のムーブメントがあります。それが「ネットでバズるレシピ」と言われるもの。めんつゆやオイスターソースなどの便利なアイテムを駆使して、最小限の手間で、どこか外食めいた派手でわかりやすいおいしさを提案するものです。もちろんそれに対してはネット上でも賛否が渦巻いています。そしてそれに「否」を唱える側の人々は、土井先生の思想を支持するであろう人々だとも言えると思います。

だいたい人工的なものというのは、食べてすぐにおいしいと感じるほどに味がつけられています。そういった、人間が味つけをしたおかずというのは、またすぐに違う味つけのものを食べたくなります。

お肉の脂身《あぶらみ》やマグロのトロは、一口食べるなり反射的においしい！　と感じますが、それは舌先と直結した「脳」が喜んでいるのだと思います。そのように脳が喜ぶおいしさと、身体全体が喜ぶおいしさは別だと思うのです。

こういった思想は、「バズるレシピ」とは対極にあるように見えます。しかし同時に、それとこれとは言うなれば表裏一体。現代における解呪の両輪になっていると言ってもいいのではないでしょうか。

この本は解呪の書ですから、その思想にはところどころ極端なものもあります（そこが読み物としての圧倒的な面白さでもありますが！）。

食材同士を組み合わせて別の味を作ることや、いろいろな香辛料や調味料で味を重ねて美味を作るという考え方は、そもそも日本的な考え方ではありません。それは西洋の考え方です。〈中略〉
和食の背景には「自然」があり、西洋の食の背景には「人間の哲学」があります。

両者は全く違う人間を作ります。

こういった部分を、僕は勝手に「土井先生からの挑戦状」と受け取りました。

僕個人の考え方は少し違います。和食に限らず世界中の料理の背景には必ず「自然」があり、また同時に、「人間の哲学」も普遍的なものだと思います。香辛料を強烈と言うならば、味噌や醤油も相当強烈な調味料です。そこは単純に慣れの問題だと捉えています。一料理人としてそんなことも伝えていきたい、という想いを新たにさせてくれたのもこの本でした。

先生、僕も解呪への想いは同じです。両輪とまではとても言えませんが、補助輪くらいのことはやらせてください！

大体において、食事というものは、平和裡に開始され、平穏無事に進行し、大過なく終了するものである。

東海林《しょうじ》さだお『タコの丸かじり』（文春文庫、一九九四年）

※単行本（朝日新聞社、一九八八年）

久しぶりに東海林さだおさんの通称「丸かじりシリーズ」、その記念すべき第一作となる『タコの丸かじり』を読み返してみました。

改めて唸《うな》ってしまったのは、この第一作において既に、その後長きにわたって続くことになる丸かじりシリーズの、文体というかスタイルというか……あえて言うなら「芸風」が完成していることです。

冒頭の引用は、第一節「ナイター・弁当・生ビール」の書き出し部分。この「あえて硬い熟語を連ねて、一見どうでも良さそうなことを大真面目に述べる」というのは、丸かじりシリーズ全作を通じて度々登場する「芸」の一つ。ムズカシイ言葉を使う、というただそれだけのことなのに、そこにはなんとも人を食ったようなユーモアが表れ、ジワジワと可笑《おか》しみが湧いてきます。

改行を多用する軽快なリズム感や、ねちっこい反復、そして忘れてはならない、テーマから絶妙にずらした（本業？の）イラスト、とにかく一作目から東海林節全開で、全く古さを感じさせません。記憶を消すことができたなら、これが丸かじりシリーズ待望の最新刊と言われても、何の違和感もないでしょう。

古さを感じさせないのには、もう一つ理由があります。

現代の、特にネットのグルメ記事には、東海林さだお遺伝子を受け継いだようなものが溢れているからです。今この時代において、食通がシカツメらしくもっともらしい蘊蓄《うんちく》を並べ立てるような記事は、もはや半ば過去のものになりつつあります。そこではあくまで「普通の人が普通の感覚で、面白おかしく書いたテキスト」が歓迎されるのです。日々そういうものに触れるたびに、東海林さだおさんこそがこういった流れの始祖である、という思いを新たにします。

例えば本書収録の「激突！　激辛三十倍カレー」は、ある意味極めて現代的です。仲間内で集まって「辛さ三十倍」の激辛カレーに挑戦するその顚末《てんまつ》は、まるでよくあるネットのグルメ記事であり、動画サイトにも溢れかえっている類のコンテンツのようにすら見えます。引用は控えますが、程よく尾籠《びろう》なギャグも織り交ぜ、多少強引にでも笑わせるための仕掛けにも抜かりなく、そういう意味でも今どきの食べ物関連コンテンツに通じるものがあります。まさに先駆者。

ただ残念なことに、ネットに溢れるそういった記事の中に、丸かじりシリーズに匹敵する面白さを体現したものはそうそうありません。結局、先駆者を超えられない数多《あまた》の追随者たち。なぜそうなってしまうのか。

先ほど、現代に求められているのは、普通の人が普通の感覚で書いた内容だと書きました。誰もが知っている食べ物に関して普通の人が普通の感覚で書く。決して難しくない、読みやすく軽妙な文体。そして適宜、自虐的なギャグも絡める。それは簡単なことにも見えます。丸かじりシリーズも、まさにそうです。普通の人が普通の感覚で書くからこそ、そこには親しみやすいユーモアが自《おの》ずと生まれるのだ、と解釈しても不思議はないでしょう。しかしそう感じた時、読者は既に東海林さだおの掌《てのひら》の上で転がされているのです。

恥ずかしながら、そのことに気付いたのは僕自身も比較的最近です。曲がりなりにも人様に読んでいただく前提で食べ物に関する文章を書くようになって改めて、東海林さだおさんの本当の凄みに気が付きました。丸かじりシリーズをお手本にすればどれだけでも面白いものが書けそう、そう思った僕は、すぐに己《おのれ》の浅はかさに絶望することになりました。

その「凄み」について語り始めるとキリがないので、あえて一言で言い表すならば、それは「緻密さ」です。題材、構成、文体、言葉選び、それら全てが徹底的に緻密に計算され尽くされている。そこにいかなる熟慮断行の連続があったのか、想像するだに震えます。

冒頭の引用部分についてもう一度触れますが、この部分の表象的な印象は、「普通の人が知ってる限りの難しげな言葉を総動員したことで自然と表れてくる可笑しみ」といったものです。もちろん読者としてはそれでいいのです。むしろ作者の望むところであり、それこそが理想的な読者と言えます。しかし野暮を承知であえて暴露するならば、それは作者の計算です。

早稲田大学文学部ロシア文学科中退、という東海林さんの経歴を盾《たて》にするわけではありませんが、その計算の裏にあるのは「教養」でしょう。「平和裡」「平穏無事」「大過」といった熟語が選び抜かれた裏には、他に数多の候補があったはずです。

そして、この一節をいきなり書き出しに持ってくる驚くべき構成。いかにも「軽妙なエッセイ」を予感させるタイトルからの落差を最大値にする計算です。「出オチ」とでも言いましょうか。漫画家としての出自がそうさせるのか、持ち前のサービス精神が遺憾なく発揮されたのか。

野暮な分析はこれくらいにしておきましょう。とにかく普通の人が普通の感覚で面白おかしく書くだけでは、到底こうはならないのです。なりようがない。失礼ながら現代のネットに、どこか東海林さだお的であるもののさして面白くもないコンテンツが溢れるのは、つまりはこういうことだと思います。無論、それは自戒も込めて。

「教養とは、一人で時間を潰《つぶ》せる技術である」

これは、故・中島らも氏が遺《のこ》した名言です。丸かじりシリーズの大半において、東海林さんも一人で時間を潰しています。時折、イケベ記者や真砂のオヤジといった個性的なバイプレイヤーも加わったパーティープレイも繰り広げられますが、それはいわばサザエさんにおける家族旅行回のような特別編。基本的には一人です。これが教養というものか。

自称「モテないおじさん」が一人で、庶民的な食べ物に対して時に真正面から、時にはひねくれた角度から、いずれにしても真剣に向き合います。そこにおいて東海林さんは、「モテない」だけでなく、みみっちく、貧乏性で、小心者のキャラクターを徹底的に演じます。今の下衆《げす》な言葉で言うと「限界中年男性」といったところでしょうか。その仮面をかぶり続けます。

丸かじりシリーズの連載が始まる時点で、現実の東海林さんは既に漫画家としても名を遂げています。世田谷あたりに豪邸を構え、美しい奥方と父親に似て利発なお子様、そして庭にはゴールデンレトリバーが……いるかどうかは知りません。適当に書きました。ただ少なくとも限界中年男性は仮の姿です。

しかし真の姿か仮の姿か、そんなことはどうでもいいのです。その仮の姿はもしかすると、功なり名を遂げてもまだ作者が内に抱え続ける業《ごう》なのかもしれませんし、あるいは浮世を離れて解放されるひと時の愉悦なのかもしれません。

確かに言えることは、その姿は我々に、なんでもない日常の中に潜む本当の豊かさ、そして一人でも、いや一人だからこそそれを存分に楽しめるということを示唆してくれているということです。

……いや、もしかしたらそれもまた野暮なのかもしれません。なぜならば、丸かじりシリーズを読むひと時こそが、豊かさを存分に楽しむということそのものだからです。

冷やし中華について何から何まで腹に落ちる見解が展開される「ナゾの季節物、冷やし中華」。〝昔のかき氷は清潔だった〟〝軽量級の飲食店〟〝かき氷の倦怠期《けんたいき》〟などのキラーワードが炸裂《さくれつ》する「どこへ行ったか『かき氷』」。写真もないのに鮮やかに絵が浮かぶ、圧巻の正統派グルメレポート「ああ八丈島のタコの丸焼き」……などなど。既に手練《てだ》れの風格もありつつ、ガレージロックバンドのファーストアルバムのような遮二無二《しゃにむに》な勢いが痛快なこの一冊。東海林さだおに初めて触れる方にもおすすめです。

檀《だん》 一雄『檀流クッキング』（中公文庫、二〇〇二年）

※単行本（中央公論新社、一九七〇年）

昭和の時代、「男の料理」という言葉がありました。ある種のブームと言っていいものだったのかもしれません。当時は「男子厨房《ちゆうぼう》に入らず」という言葉も、まだまだ現役でした。男たるもの料理などという日常の瑣末事《さまつごと》にかまけることなく己の仕事に励め、という、現代だったら炎上待ったなしの概念ですね。もとは中国から伝わった、少し意味の違う言葉だったようですが、少なくとも日本ではそういうニュアンスで使われていました。

そんな時代に、男が料理をするというのは特別なことだったわけです。特別なことだから、その作られる料理も特別なものであらねばなりませんでした。巨大な肉塊を使ったり、普段家庭ではあまり使われない調味料やスパイスが駆使されたり、そしてその工程は面妖にして時に複雑怪奇、そういったものです。普段は料理なんてしない人が、料理本と首っ引きになってなんとかドタバタと作り上げ、「どうだ女房にはこんな料理は作れまい」と悦《えつ》に入《い》る、そういうものだったのです。つまり「男子厨房に入らず」とは、表裏一体で地続きの世界観ということですね。よく言えば極めて趣味性の高い世界です。

僕が子供の頃、そういうテーマのムック本が家にもありました。ページを捲《めく》ると、豪快で迫力があって、なんだか全体にヌラヌラテカテカしたカラー写真が満載でした。確かにおいしそうではありましたが、ちょっと現実とは結び付かないな、と感じていた記憶もあります。家のキッチンでそれらが作られるさまは想像がつきませんでしたし、食卓に出てきてもちょっと困るかもな、と。

そんな頃、僕はこの『壇流クッキング』という本を初めて読みました。写真など一切ない本だったこともあり、そこに登場する料理のほとんどは、当時の僕の想像できる範囲を超えていました。どちらかというと、外国文学に出てくる見知らぬ料理の描写だけが延々と続く感覚です。だからこそそれが楽しくて夢中で読《よ》み耽《ふけ》ったわけですが、同時にそれは後に、あの時代における「男の料理」の元祖的なもの、という位置付けで記憶の中に刻み込まれました。

今回この本を久しぶりに読み返し、その「元祖・男の料理」的な認識は、完全に間違いであったことに気が付きました。これは実に地に足のついた「生活」の料理本です。趣味ではありません。ただしそこでは、当時の日本人にとっては〈そしておおかたの現代人にとっても〉斬新すぎるくらいの提案が度々なされます。

日本人はコンブとカツブシを使って、一瞬に清潔なスープを仕立て上げることに妙を得ているが、獣類の、各部分を使って、悠長なスープをたき込むことを知らない。〈中略〉牛骨だの、豚骨だの、その胃袋だの、腸だのを使って、スープを煮込んでみることぐらい、やってみるがよい。

毎日、たんねんにトロ火で煮ていれば、一週間でも、十日でも、腐るものではなくて、インスタントのスープより、はるかにおいしくて、実のあるスープがたのしめるのである。〈中略〉

つまり、長時間たき込んでおいた内臓と、スープがあれば、それを小鍋にすくいとって、ダイコンでも、ニンジンでも、ハクサイでも、ニラでも、加えながら、一瞬のうちに朝鮮風の雑炊が出来上がるわけである。

これは一見豪放磊落《らいらく》ですが、その実、実利ある新しい生活様式の提案です。決して「女房」には作れぬ凝った料理でドヤ顔するための一度こっきりの料理ではありません。そもそもこの本は明らかに、家庭における普段からの料理の担い手に向けてのある種の啓蒙書《けいもうしょ》として書かれています。つまり当時の感覚で言うと、それはほぼ女性ということにもなります。

そこで、私は、忙がしいご婦人方にも、断乎《だんこ》として、梅干を漬けなさいと申し上げる。断乎として、ラッキョウをお漬けなさいと申し上げる。

時期は今だ。

梅干だの、ラッキョウだの、何だか、むずかしい、七めんどうくさい、神々しい、神がかりでなくっちゃとてもできっこない、というようなことを勿体《もったい》ぶって申し述べる先生方のいうことを、一切聞くな。檀のいうことを聞け。

実にかっこいいですね。僕も死ぬまでに一度くらいは、料理本で「イナダのいうことを聞け」、と書いてみたいものです。それはさておき、この本ではこのように、当時既に失われつつもあった古きよき家庭料理へのルネッサンスも語られます。もちろん料理をしない男性を厨房に誘う意図もなかったわけではないのでしょうが、料理書といっても調味料の分量などは一切書かれていないこの本は、明らかに既に料理の素養がある人に向けて書かれています。当時の男性に対しては、「やれるもんならやってみろ」という、スパルタンな態度と言ってもいいのかもしれません。

啓蒙書としてのこの本における重要な要素の一つが、外国料理を日常に取り入れることです。当時の家庭料理における外国料理といえば、すっかりジャパナイズされた中華料理もしくはいわゆる「洋食」くらいでした。しかしここで登場するのは、冒頭に引用した朝鮮料理であったり、スペイン料理であったり、あるいは中華料理もあくまで現地風の今の言葉でいう「ガチ中華」。この時代の二〇年後くらいから、日本の家庭でもイタリア料理が徐々に普及していきましたが、こういったエスニック的なものはその更に後でしょう。時代を二歩も三歩も先取りしていたと言えます。

著者は小説家として「最後の無頼派作家」とも呼ばれ、自らも「旅行癖」「放浪癖」があると述べています。ここに当時は誰も知らなかったような外国料理が次々と登場するのも、この「癖」の賜物《たまもの》です。そしてもちろんそれは、徒《いたずら》に目新しいものを紹介しているのではありません。あくまで、日々の生活にそういうものも合理的に取り入れようというスタイル提案です。

著者が料理を始めたきっかけは、一〇歳の頃に母親が出奔し、父親は料理は一切、買い物すらせず、そのくせ親戚にもお手伝いさんにも頼ろうとはしなかったという状況の中でやむをえずであった、ということが記されています。その経緯は飄々とユーモラスに語られているのですが、冷静に考えたら相当にきつい状況ですね。

当時の思い出の中で、例えば、アンカケふうに片栗粉でトロミをつけることを覚えた時の嬉しさといったらなかった。今でもハッキリとその驚きを覚えている。
ジャムをつくる事を覚えたのも、愉快な思い出の一つである。
この地上で、私は買い出しほど、好きな仕事はない。

著者にとって料理というものは最初から純粋に生きるための営みであり、そしてその中に一つひとつ喜びを見出していくものだったのでしょう。だから、そのいったんの集大成とも言える本書は、一見ケレン味溢れる「男の料理」的なものであっても、その根底には生活にどっしりと根を張った堅実な強さがあるのです。そしてそうであるが故《ゆえ》に、料理の一つひとつにも時代を超えた説得力がある。
そうやって啓蒙された数々の新しい提案、これは良くも悪くもですが、日本の家庭料理の新しい流れとして広く定着したわけではありませんでした。本書は当時のベストセラーですが、どこか文壇一の料理名人が語るファンタジックな読み物的に、驚かれ、楽しまれたのではないかと想像します。実践したのはごく一握りの好事家《こうずか》にとどまったのではないでしょうか。何しろ時代を先取りしすぎていますし、そもそもレシピといっても分量など一切書いていないこの本をもとに、見たことも聞いたこともない料理を作るのは相当な難事業ではあります。

だからこの本は、実は今こそ読まれ、実践もされるべき料理書なのかもしれません。日本人はずいぶん、現地風の外国料理にも慣れ親しみました。初見の料理も、ネットで検索すればなんとなく概要はつかめます。そしてここには、五〇年前の時点で既に廃《すた》れつつあった家庭料理としての和食も、タイムカプセルの如《ごと》く大事に保存されています。その和食にしても日本各地の郷土料理が多数紹介されているあたりが、いかにも「放浪癖」のある最後の無頼派作家らしく、なんとまあこれほどまでに著者独特の個性が色濃く浮き彫りになった料理本というのも世の中にそうそうないでしょう。

近代食文化研究会『なぜアジはフライでとんかつはカツか？　カツレツ／とんかつ、フライ、コロッケ　揚げ物洋食の近代史』（二〇二一年）

※電子書籍のみ

「ゴタクなんてどうでもいい。料理はうまけりゃそれでいいんだよ」という言い回しがあります。一聴していかにも正論めいています。いや、もしかしたら正論そのものなのかもしれません。しかし、僕はこの言葉が好きではありません。

なぜ好きではないのか。それを語り始めると、あっという間に紙幅が尽きてしまいそうなので、あえて簡潔に書きます。あらゆる料理は、その背後に膨大なロマンを秘めています。昔から誰もが慣れ親しんできた料理は特にそう。料理を楽しむというのは、味だけではなくそのロマンも一緒に味わうことである、と僕は信じて疑いません。

「なぜアジはフライでとんかつはカツか？」。そんなテーマを提示されて、「そんなことはどうでもいいじゃないか。うまいかマズいかが全てだろう」と思う人には、本書は全く向いていません。著者は、資料からの引用を除けば、うまいかマズいかなんてことにはほとんど言及しません。それは逆に言えば、徹頭徹尾、料理に関して味以外の「ロマン」についてだけがひたすら書かれているということを意味します。

ロマン、と書きましたが、それは決して単に情緒的であることだけを意味するわけではありません。本書の著者名は「近代食文化研究会」となっていますが、実はこれは純然たる個人の活動です。この筆名から既に、著者が「主観的な感想」「個人の見解」を徹底的に排する不退転の覚悟で臨んでいることが窺《うかが》い知れます。近代食文化研究会が重視するのは一にも二にも資料です。膨大な資料にあたり、そこから客観的な真実と判断しうるものだけを抽出してまとめたのがこの本ということになります。そこから浮かび上がる、歴史的変遷や、時代を超えた人々の料理に対する想い、あるいは想いよりも経済性を重視する営み、そういったリアルがロマンとして浮かび上がってくるのです。

「ゴタクなんてどうでもいい」と言う人の気持ち自体は、僕もわかります。世の中には料理に関するどうでもいいゴタクやいい加減な蘊蓄、お仕着せがましいアピールが溢れているからです。

「高品質な三元豚を、職人が一枚一枚心を込めて手焼きしました。日本各地から厳選した三種類の醤油を独自の配合でブレンドし、三昼夜かけて仕上げる秘伝のタレが決め手です」

　この手のゴタクにもはやウンザリしている人は、決して少なくないでしょう。よく読めば、これは何も言っていないに等しい、無意味な情報の羅列です。

　こういった胡散臭《うさんくさ》さは、商売の料理においてはある種の必要悪ではあります。それを読んで素直に感心してくれる善男善女の存在を信じて、無理やりにでも、（誰にでもわかりやすく＝安っぽい）ロマンをかき立てなければやっていけない。過当競争の激しい現代において、それは行き着くところまで行ってしまって、むしろ飲食店の首を絞めている感がありますが、大同小異、それは昔からそうです。

　世の中には「〇〇発祥の店」を名乗る店が数多あります。確かにそれはロマンをかき立ててくれます。著者は、本書のみならず一連の著作において、その「嘘」を度々暴《あば》きます。

いわば「お家芸」であり、本書でものっけからそういった話が展開します。
元々がフランス料理店である○○○で日露戦争後にフランス料理のコートレットをもとにして生まれたのが「ポークカツレツ」である、という「定説」を、著者は膨大な資料をもとにそれが捏造《ねつぞう》であると喝破するのです。ちなみに○○○の部分は、本文ではもちろん具体的な店名が明記されていますが、この部分だけを切り取るとあまりにその店が気の毒なので、ここでは伏せておきます。

ポークカツレツ、チキンカツレツ、魚のフライ、カキフライ、エビフライ、メンチカツ、ハヤシライス、オムライス、チキンライス。これだけ多くのメニューを発明をしているにも関わらず、○○○が何かを発明したという第三者の証言や戦前の資料は、まったくといってよいほど存在しない。

バッサリ、です。しかも、その「作られた伝説」は、後世になってから「三代目・四代目店主」によって捏造されたものだ、という真犯人まで特定してしまいます。この展開は、古畑任三郎《ふるはたにんざぶろう》かはたまた刑事コロンボかという緻密な詰めで、（お店には気の毒ですが）実にエキサイティング。著者はひたすら丹念に事実を追っているだけなのですが、そのカタルシスは極上のエンターテインメントに昇華しています。圧巻としか言いようがありません。

さぞかし○○○とその歴代店主は涙目……となりそうなものですが、実はそうもならないのが面白いところ。この一連の話によって浮かび上がるのはまた別のロマンなのです。激動の時代を長きにわたって生き抜き、今や押しも押されもせぬ名店となった、その裏に潜むしたたかさと周到さと人間臭さ。今どきの実質的には何も言っていないに等しい、浅い蘊蓄アピールとはちょっと格が違います。僕はこれを読んで居ても立っても居られなくなり、そそくさと久しぶりにその店に「ポークカツレツ」を食べに行ってしまいました。

そんな手続きを経て初めて、あの言葉に本当の意味が備わってくるのです。

「料理はうまけりゃそれでいいんだよ」

食にまつわる文章は、それが基本的に「軽い読み物」と見做《みな》されることもあってか、既存の本などからの孫引きが繰り返されがちです。結果、それこそこのカツレツ誕生譚《たん》のような誤情報は修正なしに取り上げられ続け、いつしか定説となります。膨大な資料と、そこからの破綻ない演繹《えんえき》だけをもとにその嘘《うそ》を暴く著者には、もちろんそれらを殊更貶《おとし》める意図はありません。ただそれは真実一路のブルドーザー。まっしぐらに整地されるその路《みち》には、ぺんぺん草の一本も残りません。ある意味、最も恐ろしいタイプです。

本書はこのエピソードを基点として、そこからタイトルで投げかけた通りの疑問を解決していきます。そこではまた、各時代で語られてきた様々な伝説の嘘も暴かれていきます。なんとあの文豪・池波正太郎氏の、嘘とまでは言いませんが明らかな認識不足も指摘されていてびっくりです。

池波にとって薄い煉瓦亭《れんがてい》のカツこそが「ポークカツレツ」、ぶ厚いカツレツはポークカツレツではなく「とんかつ」であるという認識のようだ。

「ようだ」とあることからもおわかりの通り、著者はこれを「誤った認識」であると指摘します。なぜその過ちが起こったかというと、池波正太郎氏は自分が生きた時代より前のことを知らないからです。これはさすがに池波先生もどうしようもない。欧米から伝わったばかりのカツレツは分厚く、それが次第に薄くなり、その後「とんかつ」の時代が来てまた分厚くなった、それが真相であることが本書では明快に解き明かされます。池波氏以外の同時代人にもこの（誤った）認識が広がっていたことを示し、

一部の証言者だけを取り上げてポークカツレツととんかつの違いを論じることが、いかに危険なことであるかがわかるだろう。

と、結ばれます。池波正太郎氏は「食べ物は昔のものほど良い」という価値観をあえて貫き通し、またそれが多くの人々に影響を与え続けた通人ですが、その氏に対して「昔のことを知らないようだ」と指摘できる人物が、この著者をおいてどこに存在するでしょうか！

このように本書は主に揚げ物料理を通じて、近代日本における洋食の歴史を紐解《ひもと》いてい

く本です。個人的に特に興味深かったのは、日本の洋食が、フランス料理・イギリス料理・アメリカ料理が混淆《こんこう》して生まれたという分析でした。そしてその三つの料理は当時、国内だけではなく世界的に見ても「三大高級料理」と見做されていた、という指摘。フランス料理はともかく他の二つに関しては、今とはずいぶん感覚に違いがあってにわかには信じ難くもありますが、もちろん、英語・フランス語などの一次資料にもあたった上での納得する他ない見解です。

著者は本書以外にも、お好み焼き、牛丼、カレーといった、誰にとっても馴染《なじ》み深い食べ物の「真実」に迫ったいくつかの著書があります。どれも本書同様、徹底的な検証に基づくという意味で極めて学術的でありながら、そこから浮かび上がるのはひたすら豊かなロマンです。時代時代の人々が、おいしいものをたらふく食べるために、いかに心血を注ぎ続けてきたか。そこには時に、滑稽さや吝嗇《りんしょく》だってあります。でも確実に前進してきた。それこそが最高の人間ドラマなのです。

玉村豊男『料理の四面体』（中公文庫、二〇一〇年）

※単行本（鎌倉書房、一九八〇年）

料理の習得には、実技と理論の両面があります。ただし、どちらがより重要かと言えば、それは圧倒的に実技でしょう。極端な話、理論なんて一切知らなくてもおいしい料理は作れます。

僕が初めてプロの世界で料理を学び始めたのは、今から三〇年以上前のことです。そこは明らかに実技のみが物を言う世界でした。理論はむしろ忌《い》み嫌われていたと言っても、言いすぎではないかもしれません。

調理場の先輩に「どうしてなんですか?」などと聞こうものなら大変なことになります。即座に「つべこべ言わずにお前は言われたとおりのことをやってろ!」という、実に明快な怒声だけが返ってきます。下手するとその前に鉄拳や熱々のフライパンが飛んできます。

僕の知人はペティナイフが飛んできたことがあるそうです。ナイフは頬をかすめ、後ろの壁に突き刺さって、ゆわんゆわんと揺れていたとか……。

まあ、さすがに今はそこまでのことはないでしょうから、昔話はこれくらいにしておきましょう。ともあれ僕は、「どうしてなんですか?」は封印せざるを得ないことに早々に気付きました。

「好奇心は猫をも殺す」とも言います。イギリスの古いことわざです。好奇心の誘惑を振り切るのは、なまなかのことではありません。職場で好奇心の発露を封印された僕は、それをせっせと本に求めました。プロ向けの専門書はやたらと値が張るのはつらいところでしたが、おかげで好奇心はそれなりに満たされ、その結果、体系的な理論めいたものも自分の中で徐々に育っていきました。

玉村豊男『料理の四面体』は、そんな、料理においても理論への好奇心から逃れられないタイプの人のための本です。

料理をつくる人の世界からは、否定的な反応も聞こえてきた。〈中略〉たたきあげの職人としてはまるで現場の苦労を無にされたような思いを抱いたのかもしれない。

（復刻版のためのメモランダム）

とあるように、あくまで実技本位の人にはあまり用のない本なのかもしれません。三〇年前の厨房の先輩たちにもきっと刺さらないことでしょう。

実技本位の人には用なし、と書いたのにはもう一つ理由があります。

料理における理論としてまず誰もが思い浮かべるであろうものは、どちらかと言うと、自然科学的アプローチです。「だしを引く時は、なぜ沸騰直前で昆布を引き上げ、その後カツオを加えるのか？」など。かつて僕が知りたかったのは主にそういうことであり、そしてそれはそれなりに実技にも役に立ちました。

しかしこの本で書かれている理論は、そういうものともまた違います。はっきり言って、実技の役には立ちません。いや、そう言い切ってしまうのも違うのかもしれませんが、少なくとも実際に役立てるには、ずいぶんと遠回りをしなければいけないでしょう。
この本が最初に発行されたのは一九八〇年。玉村豊男氏は三四歳、著述家としてのスタートを切って間もない頃でしたが、その着想の元には人類学者のレヴィ＝ストロースがあったそうです。そのことが示す通り、本書は料理という文化を構造主義的に捉えた本です。つまり、料理には、（その他の社会的・文化的現象と同様）背後に隠れた構造があり、それは国や地域を隔てても共通である、ということを解き明かしたのがこの本、ということです。どうですか？　役に立たなそうでしょう？　そして、それだからこそ面白そうでしょう？

そう聞いて「でも、なんだか難しそう……」と思ったあなた。それは半分当たっていて半分間違っています。確かにこの本は、そういうとても難しいテーマに挑戦した本です。しかし、読んでいる最中、その難しさは全く感じないと思います。なぜならこれは、世界を旅した一人の食いしん坊による、痛快な食エッセイでもあるからです。むしろ本質はそこです。

はたして私が鍋のフタをとってみると、一瞬素晴らしい香りがひろがり、くもった眼鏡をあわてて拭って中を見れば、そこにはふつふつと羊肉が煮えていて、ジャガイモにも汁がたっぷり滲みて見るからにうまそうだ。

これは冒頭、アルジェリアで出会った野外料理の羊肉シチューの描写なのですが、とにかくこの本は最初から最後まで、こういった直截的に「おいしそう」な話の連続です。そしてそのおいしそうな話は、このような全くの異文化の食から、少しは知っている文化圏の食、そして馴染み深い日本の食、その間を常に行ったり来たりします。

この「アルジェリア式羊肉シチュー」の話は、フランスの洗練された「羊肉のポンパドゥール風」に繋《つな》がり、そして「牛肉の赤ワイン煮込み」や和食の「すっぽん煮」などを経て、最後はお馴染み「豚肉の生姜焼《しょうがや》き」にたどり着きます。そしてそこに至って、これらの料理は全て同じ「構造」を持つ文化であることが解き明かされるのです。

ローストビーフを皮切りに「焼く」という文化を扱った章では、炎との距離によって様々な料理が生まれることを説明しつつ、最終的に「アジの干物」すらその仲間、ということになってしまいます。

ふと空を見上げてみよう。雲に隠れているかもしれないが彼方には太陽があり、そこから熱線がアジたちの上に降り注いできているはずだ。〈中略〉火源との距離が一億五〇〇〇万キロメートルほどあるだけなのである。

突然のスケールの拡大に大笑いしながら、「そう来たか!」と得心しつつも、どこか煙《けむ》に巻かれているような気もしてくるのです。著者は真面目なのかふざけているのかも既によくわかりませんが、その飄々として人を食ったようなスタンスも本書の魅力。

そしてそれが最高潮に達するのが、最終章であり、本書のタイトルともなった「料理の四面体」。この世のあらゆる料理は、火・空気・水・油という四つの点を結んだ三角錐《さんかくすい》の四面体のどこかに位置付けることができる、という超理論が、この章の内容です。

間違いなく革命的で、ここまで読んだ上だと筋の通った理論にも見えますが、同時に、どこか著者に巧妙にたぶらかされているような気もしてくる不思議な感覚を覚えます。これがクライマックスです。ぜひ実際に、(その場合は必ず本の最初から通して)読んで体感してみてください。

「我こそがこの四面体理論を真に完成させる者なり!」

という使命感に目覚める人も、きっといることでしょう。

しかし三四歳でこの超理論を打ち立てた著者は、「これはこれで成し遂げた」と言わんばかりに、その後これまた飄々と次々に新しいテーマに取り組み続け、実に多様な著作を世に生み落としました。それはワインに関する著作や田舎暮らしに関する著作など、不思議とその後の流行《はや》りを先駆けるようなものが多いのです。

「料理の四面体」が、そもそもそうです。今から初めてこれを読む人は、(四面体理論は別として)様々な個々のトピックにどこか既視感のようなものを覚えるかもしれません。それは知ってるぞ、どこかで同じようなものを読んだことがあるぞ、と。

火を使わないナマ物の料理を扱った章で「刺身とはサラダである」と喝破した部分は、

この本の中でも特に有名な一節かもしれませんが、もうそんなことは今となっては「当たり前ではないか」と感じる人のほうが多いかもしれません。世の中では、カルパッチョ、セビーチェ、マグロユッケなどの「刺身サラダ」は既にありふれた料理です。

もうおわかりでしょう。この本は、五〇年前のあまりに早すぎた先駆けなのです。多くの書き手が直接的、間接的に影響を受け、同じような切り口で料理を語ってきたということです。

そんなふうに常に時代の一歩先をひた走り続けた玉村豊男氏の著作は、多岐にわたりすぎで全貌がつかみづらいのですが、最後にもう一冊、『食卓は学校である』（集英社新書、二〇一〇年）という本をご紹介しておきましょう。これは氏の業績の集大成的なダイジェスト版であり、同時にこの本自体が「面白くてためになる食の教科書」として完結している良書です。ぜひ、『料理の四面体』と二冊併せてどうぞ。

野瀬泰申《やすのぶ》『食は「県民性」では語れない』（角川新書、二〇一七年）

「鯛《たい》めし」という料理について見聞を深めたく、本場、愛媛県に数日旅行したことがあります。……まあ本当は単においしい鯛めしを存分に食べたかっただけ、と言えばそれまでなんですけど。

ご存じの方もいるかとは思いますが、愛媛には二種類の鯛めしがあります。一つは松山市など瀬戸内海側で食べられている、土鍋で尾頭付きの鯛を米と一緒に炊く贅沢《ぜいたく》な炊き込みご飯。もう一つが太平洋岸の宇和島市を中心に食べられている、お刺身の鯛を甘めの醤油つゆに浸して生卵や薬味も一緒に白ご飯に汁ごとかける、いわば豪快な漁師めしです。

まず松山市に二日間滞在し、もちろん土鍋の鯛めしもしっかり堪能、いよいよ明日から宇和島入りという日の夜、僕はとある老舗《しにせ》のバーを訪れました。全国的にも名の知られたその店は、オーセンティックバーとしての風格を感じさせつつもマスターやママを中心に常連さんたちが和気藹々《あいあい》と会話を繰り広げる、いかにも紳士の社交場といった雰囲気。そんな中、一見《いちげん》の旅行客である僕は、当然のように旅の目的を聞かれました。

「鯛めしを食べに来たんです」と話すと、明らかに常連さんたちの目が輝きました。鯛めしならどこそこの店が一番だ、とか、いや我が家の鯛めしに敵《かな》うものはない、と鯛めし談議で大盛り上がりです。鯛以外のものは一切入れてはならぬと主張する人もいれば、いや昆布と三つ葉は必須だろうと言う人もいて侃々諤々《かんかんがくがく》ですが、結局のところ誰もが鯛めし大好きなことだけは確かなようでした。僕がその日の夕食で行ったお店の鯛めしがすこぶるうまかったという話をすると、「そこを選ぶとは目が高い」と褒められたりもしました。

調子に乗った僕は、「明日からいよいよ宇和島なんです」と、聞かれてもいないのに話し始めました。すると、なぜかそこで一瞬の沈黙が訪れました。僕も、これはどうも余計なことを言ってしまったようだ……とすぐに察しました。

沈黙を破って口火を切ったのは、ママさんでした。

「あのあたりの鯛めしは生の鯛でしょう？　しかも生卵までのってて、なんだか気持ち悪いわよねえ」

場は再び盛り上がり始めました。「あれは鯛めしとは言わんね」「観光のためにやってるようなもんだ」と、悪口は止《とど》まるところを知りません。むしろ、さっきまでの鯛めし自慢大会より活気付いているような気もします。僕は「どっちもおいしいじゃないですか」と言いたい気持ちをぐっとこらえて、曖昧に相槌《あいづち》を打ち続けるしかありませんでした。

次の日の夜、僕は宇和島市内の小さな居酒屋で、その日、三食目となる鯛めしを注文していました。もちろん、生の鯛を使った宇和島鯛めしです。そのお膳を運んできてくれた女将《おかみ》さんに問われるまま僕は、今朝松山から移動してきたことを話しました。少し嫌な予感がしました。そしてその予感は的中しました。

「あっちの鯛めしはただの炊き込みご飯でしょう？　せっかくの鯛なのにもったいないことをするわよねえ」

女将さんはにべもありません。そして、隣の席のおっちゃんも参戦してきます。

「そんなこと言っちゃ気の毒だ。それは仕方がないんだよ。あっちの鯛はここいらのほどうまくないから」

擁護と見せかけて更に落としにかかる高等テクニックです。ネットだったら一〇〇%炎上するやつ。

しょうがないので僕は運ばれてきたばかりの鯛めしをガツガツと頬張りながら、いやあ宇和島の鯛は身が締まってて本当にうまいですねえ、などと適当に合わせてやり過ごしました。

こういうある種の狭量なナショナリズムを、しかし僕は憎む気にはなれませんし、批判するつもりもありません。その場その場のやり過ごし方には多少気を遣わねばならないにしても、それは面白いからです。それもまた旅情です。地元の人々の郷土愛は、その土地ならではの食べ物と密接な関係があるものです。その郷土愛の裏返しとしてお隣の地域を貶めることの是非そのものに関しては、意見が少々分かれるかもしれませんが……。

悪口合戦はともかく、こういった地方ごとの食文化の差異を面白がるタイプの人にとって、この『食は「県民性」では語れない』という一冊は、大変興味深い内容であるはずです。著者の野瀬泰申さんは、かつて黎明《れいめい》期のインターネット（パソコン通信）を利用して、日本全国から県ごとの食習慣の地域性に関する生の情報を集めて編んだ『全日本「食の方言」地図』（〈日本経済新聞社、二〇〇三年〉。後に『天ぷらにソースをかけますか？　ニッポン食文化の境界線』〈新潮文庫、二〇〇九年〉と改題）が話題になり、世の中に「県民性ブーム」を巻き起こした方。この本もまたすこぶる興味深い内容の本なのですが、本書はそこからの更なる発展。タイトル通り、地域ごとの食文化の境目は必ずしも県境だけではない、ということが、豊富な事例と共に解説されています。

この本で最初に紹介されるのが山形県の「芋煮」です。こちらもご存じの方が多いでしょうが、山形には南北の地域によって二種類の芋煮が存在します。主役はどちらも「里芋」でありつつ、片や牛肉を使った醤油味、片や豚肉を使った味噌味。両者は決して相容《あいい》れることはありません。

たっぷりの味噌汁に豚肉と里芋が入った食べ物。そう、よその地域では「豚汁」と呼んでいるあれに近いものが、庄内の芋煮なのだ。

しかし、もし「え、これは芋煮じゃなくて豚汁でしょう？」なんてことを庄内人の前で言おうものなら一大事。本気で怒られてしまうので、絶対口にしてはいけない。〈中略〉県内で芋煮抗争が勃発《ぼつぱつ》しようかというほど対立が深いのは、山形県のみである。

たかだか芋煮で抗争だの対立だのと大袈裟《おおげさ》な！　とか、なるほどこれは著者独特のユーモアなのだな、と解釈していただいてもいいのですが、愛媛県で実際に「鯛めし抗争」の銃火をかいくぐったことのある僕としては、これはとてもただの冗談だとは思えないのです。

ともあれ、なぜ隣り合った地域でこのような違いが生まれたのか、著者は北前船のルートやその担い手、かつて「薬食い《くすりぐ》」と称された日本における肉食の歴史などと絡めて、その謎を解き明かしていきます。

本書ではこの他にも、牛肉と豚肉の支持率の東西差、マグロとタイを中心とする魚種の好みの地域性などが、次々と語られていきます。こういった話題は、昨今、SNSを中心にずいぶん一般的なものになってきました。例えば毎年お正月になると、タイムラインには全国各地のお雑煮が画像と共に紹介され、特に目立つものに関しては、そこに驚きや賞賛の声も集まります。

著者が前著で黎明期のインターネットを活用して全国から双方向的に情報を集めたのは、実に先見の明があったと言えるでしょう。本書ではそこに更にもう一歩踏み込んで、そういった地域性（＝「食の方言」）が、どのような歴史をたどって生まれていったかが掘り下げられているということになります。

現代のネットにおいて「鯛めし抗争」や「芋煮抗争」は基本的に勃発しません。誰かが好きなものをあからさまに貶《けな》してはいけない、という暗黙のマナーが成立しているからです。たまにその禁を犯す不届きものが現れると、それはややもすると「炎上」します。面白いことに、二〇〇〇年代前半に書かれた前著のほうでは参加者から届いた生の報告がそのまま引用されている部分が多くあるのですが、そこでは「対立」を生むような攻撃的な言葉はほぼ見当たりません。著者のフィルターによるものなのか、当時のインターネットは今よりむしろ「治安」が良かったのかはわかりませんが、ネットがアイデンティティを主張するタイプの論争には向いていないということは、初期からずっと認識され続けてきたということなのでしょうか。

食べ物如《ごと》き（あえて「如き」と言いますが）で、気分を害する論争が避けられるのは大変喜ばしいことではありますが、僕は心のどこかで、あの二夜にわたる鯛めし抗争や、まだ見ぬ芋煮抗争のような、不毛（あえて「不毛」と言いますが）な論争を傍観者として楽しんでみたいという気持ちも少しだけあるのです。それを通じて熱い郷土愛を感じてみたい。

でもそれは、やはり旅先ならではの楽しみとしてとっておいたほうがいいのでしょうね。

三浦哲哉『自炊者になるための26週』（朝日出版社、二〇二三年）

文学と教養と実践が、三位一体の見事なハーモニーを奏でる、他に類を見ない料理書です。実践を目的とするにしても、そこに理論的背景が示されなければなかなか信じて真似をしようとは思わないものですし、その世界に引き込むためには、語られるべき豊饒《ほうじょう》な物語が必要。その流れが見事に提示されているのがこの本です。

第一章のテーマは「トースト」。料理の入門書がトーストから始まるとは、なんて親切かつ革新的でしょう。「これなら自分もすぐ挑戦できそう」と誰もが思うはずです。いや、むしろ「もうやってるよ」かもしれませんが、その印象はすぐに、良い意味で裏切られます。

こうしてできたトーストには、ひとを恍惚《こうこつ》とさせるものがあります。まずは何もつけずに小片を割ってみてください。その瞬間、ほわっと蒸気が漏れ出るでしょう。そのにおいに誘われるがままに一口食べます。朝の寝ぼけた体が覚醒するような、鮮《あざ》やかな風味を感じ取れるはずです。

ここで、誰もが普段から当たり前のように食べているはずのトーストに、ある種の物語が与えられます。まるで映画の始まりのワンシーンのようです。

そしてここで言われる「鮮やかな風味」の正体に迫るべく、そのまま滑らかに「教養」パートに続きます。

今日の私たちは、そのことを、生理学的な観点から説明することもできます。

動物の神経系には「感覚順応」と呼ばれるメカニズムが備わっています。あるにおいが目の前にあるのだとしても、だいたい20秒ほどでそれに馴《な》れて、意識から消えてしまいます。出現するまさにそのとき鮮やかに感覚されますが、そのあとただちに薄れ始め、やがて消える。

なので著者は、「においの立たせ方にもゆらぎと変化があってしかるべきです」と主張します。そしてこの後、それを実現するための理想的なトーストの焼き方が、克明に解説されていきます。

料理家には一人ひとり個性があります。同じ名前の料理でも、そのレシピは少しずつ、あるいは大きく異なります。もちろんある程度の基礎技術のようなものは概《おおむ》ね共有されていますが、そこから先はそれぞれの価値観や考え方によって分岐していきます。現代の人々は、いったいそのどれを信用していいのか途方に暮れることも多いのではないでしょうか。

かつて檀一雄氏は、他の人の言うことは聞くな、檀のいうことを聞け、とストロングスタイルで押し切りましたが、現代ではなかなかこうはいきません。だから人々は膨大なレシピの中から、なんとなく自分に合っていそうなものを、ふんわりと選ぶことになります。

しかしこの著者は、その曖昧さを排除しようとします。ゴールにはどんな魅力的な物語があり、それが魅力的であることには確たる根拠があるということを先行研究も交えて示し、そしてなるべく失敗しようのない技術を提示します。だから本書には、類稀《たぐいまれ》な説得力が生まれるのです。

トーストの章の後は「米の炊き方」に関する章です。この構成自体がもう納得でしかないのですが、実はここでもトーストに引き続き、「におい」について多くが語られます。

鼻先で嗅ぐほうを、オーソネイザル経路といいます。鼻で息を吸い込むとき、吸気は鼻先から鼻腔《びこう》に伝わります。〈中略〉においのいわば「順路」がこっちです。

これとは別に、レトロネイザル経路があります。ものを食べている最中、ひとは鼻から息を吐き出しています。肺から口を経由して喉《のど》の奥、そして鼻腔を通り、最後に鼻先へ抜けてゆく空気の通路があります。

そして、このレトロネイザル経路こそが「においを味わう」ということであり、それによって人間は、特に嗅覚に優れていると言われる犬にも劣らない多種多様な嗅覚情報を得ている、という最新の学説が紹介されます。

これは誰もが経験的になんとなく気付いていることかもしれませんが、それがこうやって解説されることで、世界はよりくっきりと明瞭になります。なるほど、そういうことだったのか、という気付きこそが教養なのかもしれませんね。僕の場合、カレーの匂いを嗅ぐだけでは「いい匂いだな」とまでしかわかりませんが、実際に咀嚼《そしゃく》してのみ込んで初めて、個々のスパイスの何が使われているかを、大まかですが推測することができます。オーソネイザル経路なかりせば、カレーのレシピを作ることはできなかったということです。

本書はこの後、味噌汁や煮物、揚げ物など、基本的な技術を一〇章、つまり二六週のうちの一〇週目で語り終えてしまいます。その合間に「買い物」の章が挟まるのもいかにも本書らしい適切さなのですが、ここからいったんレシピを離れ、まず語られるのは「動線と片付け」です。これには思わず膝を打ちました。初心者にとっての最初のつまずきであったり、ある程度の熟練者にとっても気付かぬうちにストレスになったりしているのは、まさにここだと思います。

飲食店であれば、ここは実は利益に直結する部分なので、綿密に計算され、「オペレーション」として構築されるわけですが、家庭だと確かに「その都度頑張る」ことで、なんとなくやり過ごしてしまいがちなのかもしれません。といっても、やるべきことは極めてシンプルで、「よく使うものを適切な場所に適切な方法で配置する」ということです。

僕は料理修業を始めた最初期に、師匠から「いかに一歩も動かずに全ての料理を完成させるかが大事」ということを徹底的に教えられました。器具や調味料、あるいは冷蔵庫の中の配置に関しては、考えに考え抜くことが必要、ということです。その教えが著者の教えと完全に重なります。

それに続く章では、またもや「におい」についての概念的な論が続くのですが、それは「おいしさには二種類ある」という、ある種哲学的ですらある話題に至ります。個人的に本書の「教養パート」の中でも白眉《はくび》だと感じています。

風味を重視する傾向を、「F感覚」と呼ぶことを提案したいと思います。「Flavor《フレイバー》」

のFです。F感覚が強い人間は「F感覚者」。〈中略〉「F感覚」のFは「Fancy《ファンシー》」のFかもしれません。

舌に与えられる甘みやうまみが強く、満腹感をもたらしてくれるもの。ほっとするもの。アメリカには「コンフォート・フード」といういい方があり、「ファンシー・フード」の対義語のように用います。

私が問題だと思うのは、「F感覚」における食べものの好ましさも、「C感覚」における好ましさも、日本語では「おいしい」とまとめて表現されてしまう点です。

僕自身も、この感覚差で味に関するコミュニケーション齟齬《そご》が起こりがちなことは、日々痛いほど経験しています。ここで言うF感覚とC感覚は、あらゆる食べ物において様々な割合で共存している要素でもあると思うのですが、僕は「F感覚の強い食べ物のおいしさ」を、これまで半ば冗談めかして「マズ味の強いおいしさ」と表現してきました。

いや、本当は冗談でもなんでもないのですが、冗談と受け取られても仕方がないという諦念もあったということです。このFとCの概念を用いれば、そのあたりがもっとフラットに表現できそうです。

そしてこの論は、なぜ我々は自炊をするのか、そしてその料理はどのようなものであるべきか、という、本書を一貫するテーマの話にも至ります。

このことは、「序」で述べた、「料理したくなる料理」がどんな料理かということに関わります。せっかく作ったのにコンビニやファミレスと同様の画一的な味になってしまうレシピでは、味覚として（「C感覚」的に）いくら欠点が少なくおいしいのだとしても、「料理したくなる料理」にはなりえないと私は思います（ときどきはいいですが）。買ってくるのと変わらないわけですし、ほかならぬ自分が作る甲斐《かい》が見出しにくいからです。それゆえ本書では、ゆらぎや個性を持った素材の風味を楽しめるレシピ、さらには、作る方一人ひとりがどう風味を楽しんでいるか——その個人差が反映されやすいレシピを取り上げてゆきたいと考えているのです。

これに関して、僕はもうこれ以上を語ることはありませんが、まさに「我が意を得たり」でした。

さて本書は後半徐々にレベルを上げて、魚料理や各国料理、そして果ては乾物、発酵へまで進んでいきます。このあたりは「上級者」にとっても充分すぎるくらい、濃密で骨太な内容とも言えます。それでいて、第一章から丹念に追っていけば、初心者もきっと無理なく到達できるはず。本当に欲張りかつスムーズな本です。読み終えたあなたは、きっとひとかどの「料理の賢者」になっていることでしょう。

加藤政洋／〈味覚地図〉研究会『京都食堂探究

「麵類・丼物」文化の美味なる世界』（ちくま文庫、二〇二三年）

進学を機に京都で暮らし始めた頃、「きざみきつねうどん」のおいしさに感激しました。味付けをしない短冊切りの揚げと、はすに切った青葱が入った温かいうどんです。元々京都では単に「きつねうどん」と呼ばれていたそうですが、世の中では揚げを甘辛く炊いた大阪風のきつねうどんが主流になっていった中で、それは「きざみきつね」ないしは「きざみ」と呼んで区別されるようになっていったようです。

僕は元々揚げが大好きだったのですが、それを甘辛く炊いたものはちょっと苦手でした。だから京都の「きざみきつね」は、言うなれば僕にとって「理想のきつねうどん」でした。更に、なんといってもだしがおいしい。京都で食べるうどんのだしは、入るのを躊躇《ためら》うような年季の入ったぼろ家の大衆食堂であっても、製麵屋さんの片隅にひっそり設けられた立ち食いコーナーでも、めん三玉でも値段の変わらないざっくばらんな学生食堂でも、どこでも例外なく最高においしかったのです。

僕はそんな京都のうどん屋さんで、きざみきつねを中心に、時には「肉うどん」、時には「あんかけ」とローテーションを組み、当時もはや「常食」と言っていいくらいお世話になっていました。「あんかけ」とは、つゆに片栗粉でとろみを付けたうどんです。具は一切のっておらず、真っ白なうどんが朧《おぼろ》げに透けて見えるたっぷりとしたあんの真ん中に、おろし生姜だけがちんまりとのっていました。実に美しく、そしておいしい食べ物でした。

下宿から最も近かったという理由もあって最も足繁《あししげ》く通ったうどん屋さんでは、うどんの値段に二〇〇円を追加したらそれが「定食」になりました。定食には、ご飯と「おばんざい」が付きます。おばんざいは盛り合わせで、日ごとに少しずつ内容は変わるのですが、典型的なパターンは「だし巻き玉子・菜っ葉のたいたん・ひじきのたいたん」みたいな感じでした。今になって思えば、極めてミニマルな〝京料理御膳〟です。当時は貧乏学生でしたから、当然、割烹で恭《うやうや》しく供されるような〝京料理〟には全く縁がなかったのですが、当時そういうかたちで、ある意味その芯のようなものに慣れ親しんでいたのは一生の財産だと思っています。
その後、僕は讃岐《さぬき》うどんや博多うどん、大阪うどん、武蔵野《むさしの》うどんといった各地のうどん文化を知ることになります。個性もそれぞれのうどんはどれもすこぶるおいしいものでしたが、やっぱり今でも僕の中では、京都のうどんこそが最高のうどんです。

『京都食堂探究』は、人文地理学者の加藤政洋《まさひろ》さんを中心とする地理学の専門家たちが、そんなうどんを中心とする京都の大衆食堂についての研究をまとめた本です。軽快でほんわかした楽しい読み物でありつつ、さすがアカデミアの人々といったところなのでしょうか、念入りなフィールドワーク（という名の食べ歩き?）と膨大な参考文献に基づいた骨太な論考でもあります。

京都の「たぬき」とは、「きつね」（＝お揚げ）ののった「あんかけ」なのであり、しかもそばかうどんか台を問わない。すると、関東と関西どころか、同じ呼び名でありながら京都と大阪でも内実を異にするわけだ。

東京・大阪・京都それぞれで「たぬき」「きつね」の意味するものは異なる、というのは、特に食文化に興味を持つ人々の間では、今やすっかり知られたトピックでしょうが、第一章はまずこのキャッチーな話題からスタートします。しかしそんな単純な話にとどまらないのが本書の醍醐味《だいごみ》。豊富な文献からの引用をもとに、そこから様々なエピソードが展開します。

・関西できつねを「ケツネ」と異称するのは、エンタツ・アチャコの花菱《はなびし》アチャコがラジオで広めたのがきっかけ
・上方ではうどんは飯の「お菜」だった
・京都でいち早く外食産業に根を下ろしたのは、うどん屋ではなくそば屋であった
・昭和初期の京都では、うどんに揚げののった「きつねうどん」が「きつねそば」と呼ばれていた
・大阪の揚げは鯨油で揚げられていたから油抜きしてしっかり味付けする必要があったが、

京都は菜種油で揚げられており、そのままでもおいしかったからわざわざ味付けする必要がなかった

などなど、もちろん中には当時の人々の誤解や思い込みもあったかもしれませんが、今では思いも寄らない、うどんにまつわる庶民の文化が浮かび上がってきます。何にせよ当時は、今のように人々が簡単に情報を共有できる時代ではなかったわけです。持論や異論の百家争鳴の中から、あるいは誤解や思い込みの連続の中から、なんとなく一定の共通認識らしきものが生まれていった。それはいつしか地域ごとにぼんやりと固まり、少しずつ異なる、それこそ「きつね」「たぬき」の定義のようなものも成立した。

「これこれはこういうものである」「こうであらねばならない」といった、厳密さを求めすぎるあまりに狭量なものにもなりがちな昨今の食文化談議が、少々窮屈で不毛なものにすら思えてきます。

第二章で関西独特のうどんメニューである「しっぽく」を掘り下げた後、第三章では

「丼物」が取り上げられます。関西、特に京都の昔ながらの丼物は、実はかなり独特です。どう独特なのかを、僭越《せんえつ》ながら僕がかつて書いたエッセイから引用してみます。まさに本書が取り上げているような、京都のうどん屋さんでアルバイトをしていた時の、賄いで食べた「肉丼」（つまり全国的な名称で言うところの「牛丼」に相当するもの）の思い出です。

牛丼は普通、甘辛くて濃い味で作られます。しかしその時、肉丼を作るために小鍋にひとすくい取られた汁は、うどんのつゆと同じものでした。そして何か調味料が足されるというわけでもなく、そこには牛肉と九条葱だけが入れられたのです。さっと炊かれたそれは、煮汁の大半を鍋に残し、多少のつゆを滴らせながら、ご飯の上にのせられました。

さすがに味が薄いのではないか、と不安になったのです。しかし驚いたことに、一口食べて僕は納得しました。確かに薄味でした。しかし、絶品うどんつゆの味がかすかに染みた肉は、申し分なさすぎるほどに味わい深く、またご飯とよく馴染みました。

（別冊文藝春秋『食いしん坊のルーペ』第16回「牧歌的うどん店」二〇二四年一月号）

ちなみにこの店には「天ぷら丼」もメニューにありました。しかしその店では天ぷらを自前で揚げてはおらず、天ぷら屋さんから仕入れていました。小判形のせんべいのようなコロモの塊の真ん中に、鉛筆くらいの細さの海老が張り付いた、今ではもう滅多に見かけることもなくなった、汁に浸されてナンボのうどん・そば専用の天ぷらです。その店の天ぷら丼は、うどんつゆでその天ぷらを九条葱と共にさっと炊いて、ご飯の上にのせたものでした。想像するとおわかりかと思いますが、いくらだしがおいしいといっても、さすがにちょっと悲しくなるような食べ物です。

その店の店主は、お客さんから天ぷら丼の注文があると必ず「天とじ丼にしよし」と勧めていました。天とじ丼は、この天ぷら丼を卵でとじたものです。つまりそうなると、それは言うなれば「玉子丼」を幾許《いくばく》か豪華にしたものともいえ、少なくとも悲しい食べ物ではなくなります。注文が入っても「悪いことは言わへんから」とばかりに断るようなメニューを置き続けたのは不思議と言えば不思議ですが、その店は、

「うどんにのせる上ものは全てそのまま丼となり、またそれら全ては卵でとじられること

でランクアップする」

という法則を律儀に守り通していたと解釈可能です。そしてこの律儀さが決してその店だけのものではなく、京都の多くの店で共有されていることが判明したのが本書の第三章でした。

例えば「きざみきつねうどん」の上ものがご飯にのせられると、それは「きつね丼」、それが卵でとじられると「衣笠丼《きぬがさどん》」という図式です。そして本書における白眉《はくび》の一つが、一見その法則の例外、つまり対応する丼物が存在しないように見える「しっぽくうどん」に対応する丼物も、実は定番中の定番としてほぼ全ての店に存在するという指摘です。

さて、その丼物とはいったい何でしょう。関西以外の方には、もはや質問の意味すらわからないかもしれません。そして京都人にとっても、これにはすぐには答えられないのではないでしょうか。しかし本書を最初から読めば、この答えには誰もが膝を打つはずです。見事な伏線回収。実によくできたミステリーです。

原田ひ香《か》『喫茶おじさん』（小学館、二〇二三年）

主人公は松尾純一郎、五七歳。無職。バツイチで、しかも現在の妻とも別居中。かつて早期退職金の半分以上を注《つ》ぎ込んで始めた喫茶店を、あっという間に潰してしまった黒歴史の持ち主でもあります。なんとも冴《さ》えない主人公です。

主人公に限らず、この年代の「おじさん」は、基本的に冴えないものです。悲哀に満ちた存在です。「キモ」いと思われ、「ウザ」がられます。僕も若い頃は、多少なりともおじさんたちをそういう目で見ていたと思います。そうでなければ、ある種の哀れみの目線です。

少なくとも、若者にとって憧れの対象となりうる「おじさん」は、そうそう身近にいるものではありません。いや、もっと失礼なことを言うならば、「おじさんたちはいったい何が楽しくて毎日を生きているんだろう?」くらいに思っていました。もちろん自分もいつの日か、そんなおじさんの一人になってしまうことは十分わかっていました。そうなったらすなわち人生は終わったも同然です。なので、その前にやりたいことは全部やっておかねば、と焦っていました。

しかし、実際に自分がおじさんになってしまうと、それはそう悪いものでもありませんでした。若いうちにやり残したことは、結構その後でもやれてしまったりします。新たにやりたいことも引き続き生まれます。はたから見ると「何が楽しくてはしゃいでるのかわからん」と思われていそうな気もしますが、本人は案外楽しいものです。ただし、周り、特に若い人たちからは、少しでも油断するとキモくてウザいと思われかねないという自覚は、常に持ち続ける必要があるのでしょう。冴えないことは罪ではありませんが、不快感は与えてはいけないのです。若い人たちの邪魔をしてもいけません。

さてこの物語は、極めて冴えないエピソードで幕を開けます。潰してしまったとはいえ過去に喫茶店を経営していたくらいですから、主人公の松尾氏はそれなりにコーヒーには造詣がありますし、それを自任してもいます。なので松尾氏は、行きつけの喫茶店で老マスターを捕まえて、ついつい、豆の種類や焙煎法《ばいせんほう》などの知識をご披露してしまうのです。……いますね、こういうおじさん。下手すりゃ自分も、半ば無意識に、そういうことをやらかしてしまっているかもしれない。

先日あるイタリアンレストランで隣の席にいた五〇代と思《おぼ》しきおじさんも、ワインについて、ジビエについて、チーズについて、どこかで聞《き》き齧《かじ》ったような蘊蓄を、連れの女性に滔々《とうとう》とご披露していました。僕は「いいから黙って食え！」とウンザリしつつも、おじさんとはそういう生き物であり、そういうことが楽しいのだ、と一定の理解を示すことで乗り切りました。連れの女性も幸い同年代で、そのあたりのことはしかとのみ込んでいたのでしょう。「そうね」などと時折、気のない相槌を打ちつつ、淡々とおいしい料理に集中していました。

しかしこちらの物語の主人公が不幸だったのは、その様子を苦々しく眺める若い店員さんがいたことです。主人公は退店しようと店のドアに手をかけた時に偶然、その店員さんがマスターに話している会話を聞いてしまいます。「店長、よく、あんな知ったかぶり客の相手してられますよね」「店長が優しいからつけ上がるんですよ」。

自分もかつてそうだったからよくわかりますが、若者とはおじさんに対して容赦なく残酷なものです。そしてそうだとはわかっていても、これは相当にダメージがきつい。読者である僕も、これは共感性羞恥とでも言うのでしょうか、なんともいたたまれない気持ちでした。

ともあれこの悪夢のような出来事をきっかけに、主人公はある決心をします。

> これから、趣味は「喫茶店、それも純喫茶巡り」にしよう。決めた。今決めた。
> これで、あの喫茶店で恥ずかしい思いをしたという経緯が払拭される。自分は趣味で、喫茶店巡りをしているのである。

認知的不協和の解消、ってやつですね。しかもかなり不器用な。いいですか、おじさんとは、かくもナイーブな生き物なのです。若者の悪気ない残酷さとおじさんのナイーブさをキックスターターとして、この物語は走り始めます。

主人公には、次々と冴えない不幸が降りかかります。これまで、あまり器用ではないけれど真面目に生きてきたので、不幸の一つひとつはささやかなものではあります。その不幸をやり過ごすために、主人公は救いを、喫茶店で過ごすひと時に求めます。それがこの物語の骨格です。

ささやかで冴えない不幸は、案外、万人の身に降りかかり続けるものです。おじさんという生き物の場合、それを酒と酒場で解消するのは、伝統的なソリューションです。中には、合法ではあっても決して道徳的とは言えない快楽で、それをなんとか誤魔化そうとする人もいます。おそらく多くの人は、必要以上に仕事に打ち込むことでも昇華させますが、残念ながら主人公は現在無職です。なので彼は、何かあると喫茶店に駆け込みます。しかもだいたいの場合、喫茶店を二軒ハシゴします。さすが、趣味を純喫茶巡りにしよう、と明確に決意した男です。

せっかくなので、どういうハシゴが繰り広げられているかを少しピックアップしてみましょう。

クロックムッシュとモカブレンド→ミルフィーユとコーヒー
ビーフカツサンドとブレンドコーヒー→あんみつとコーヒー
スパゲッティミートソースとコーヒー→バターブレンドコーヒーとレアチーズケーキ
たまごサンドとレモンスカッシュ→紅茶とスコーン
ハンバーグとアイスコーヒー→プリン ア・ラ・モードとコーヒー
バタートーストとコーヒー→フルーツサンドとホットコーヒー
オムライスとコーヒー→ブレンドコーヒーとバナナクレープ

ねえ、なんだか羨ましくなってきませんか？ 僕自身は、喫茶店でこうやってゆったりとした時間を過ごす、ということは普段ありません。仕事の打ち合わせで利用したり、移動の合間の時間潰しでコーヒーを一杯飲んだりするくらいです。これまでそういう使い方しかしてこなかったことを、ちょっと後悔しました。

二軒ハシゴしてだいたい三千円くらいか、と、さもしい計算もしてみました。冴えない一日を解消するためというわけでもありませんが、僕は普段、一日の区切りにはついつい酒場に飛び込んでしまいます。でも今後は喫茶店もいいかもなあ、と初めて思いました。

モヤモヤとした思いがプリン ア・ラ・モードで解けていく主人公の姿は、どこか崇高でもあります。今後もし職を失ったり、釈然としない日々を送ることになったりしたとしても、たまに三千円でひと時の安寧を得られるくらいの蓄えは持っておこうと静かに決意しました。


主人公を取り巻く人々は、なんだかんだ言ってもいい人ばかりです。よき理解者たちでもあります。そんな人々は皆、口を揃《そろ》えるかのように、「あなたは何もわかっていない」と主人公に向かって嘆息します。確かにおじさんという生き物は、空気が読めないし、自分を客観視することも苦手なものです。ここでも僕は共感性羞恥の嵐でした。しかし主人公は物語の終盤で次々と、自分が「何をわかっていなかったのか」を（至って不器用にですが）うっすらと察していくことになります。

そんなある種ミステリー的なシークエンスの後、物語はこの上ないハッピーエンドで締めくくられます。……いや、もう少し正確に言うと、僕にとっては完璧なハッピーエンドに見えます。僕同様、世の中には一定数、主人公が最後にたどり着いたような境遇に憧れる人々がいると思います。もっとも、そうでない人々にとっては、寂しい結末に感じられるかもしれません。あなたはどちらの側でしょう?

千早《ちはや》 茜《あかね》『わるい食べもの』（集英社文庫、二〇二二年）

※単行本（ホーム社、二〇一八年）

「アイデンティティとは、他者との相違の総和である」

という言葉を聞いたことがあります。人はそれぞれ好きなものも嫌いなものも異なり、そんな一人ひとりとの違いの集合こそが、自分自身という存在をかたちづくっているのだ、ということですね。まさに至言だと思います。

結婚や同棲《どうせい》などの共同生活においては、食べ物の好みが近いことが重要、という話もよく聞きます。これはなるほどと思うしかありませんが、ある人が更に鋭いことを言っていたのも聞いたことがあります。

「食べ物に限らず、好きなものが一致しているより、嫌いなものが一致しているほうがうまくいく」

これも確かに実感の湧く言葉です。共同生活においては嫌いなものが一致しているほど、その生活から排除しなくてはならないものの総数は減りますからね。

さて、食エッセイというものは普通、「おいしいもの」について書かれるものですが、千早茜さんの食エッセイ『わるい食べもの』は、少し毛色が違います。

> 食べものについて語るとき、「おいしい」だけでは不十分な気がするのだ。人はそんなきれいな食事だけではできていない。食にまつわる幸福もあれば、トラウマも失敗も恐怖も悲しみも罪悪感もある。少なくとも私はそうだ。
> （「はじめに」）

だからこの本には、作者にとって好ましい食べ物だけではなく、「わるい」、すなわち、嫌いだったり、釈然としなかったり、嫌な思い出や悲しい体験を伴ったりした食べ物についても多くのことが綴られています。

作者と嫌いなものがたまさか一致したら、この広い世界でようやく仲間と出会えたような、望外の嬉しさを感じるはずです。逆に一致しなければ、それは自分のアイデンティティの確認になります。

そしてそれだけではなく、人はこうやって何かを嫌いになるのだ、というその顚末には、対象を置き変えれば誰もが思い当たることがあるであろう、別種の共感も生まれます。

本の序盤では、僕の大好物も次々と「わるい」食べ物として登場しました。親の海外赴任先のモンバサの海岸で、両親がウニを見つけて貪る姿に「ドン引き」してウニ嫌いになった子供時代の作者は、その時のイメージをとんでもないものと重ね合わせます。

日本に帰ってから、美術の本であのときの光景にそっくりな絵を見つけた。

――フランシスコ・デ・ゴヤ作『我が子を食らうサトゥルヌス』（「モンバサのウニ」）

生卵はおろか半熟卵も嫌いだった子供時代の作者は、ゆるいスクランブルエッグも半熟の目玉焼きも、こっそり電子レンジで加熱して、爆発させて叱られたそうです。

要するに、卵を確実に殺して欲しかった。〈中略〉熱を加えて凝固させてしまえば、卵の中に宿ったなにかは死ぬと思っていた。
（「生きている卵」）

卵と並んで、牛乳にも同様の嫌悪感を持っていたよう。

生の牛乳に対しても似たような感情を持っていた。両方とも、命の気配が強すぎる食材だと思っていた。
（「白い悪魔」）

何らかの食べ物が嫌いな理由として、これほどまでに繊細で想像力豊かな理由は聞いたことがないかもしれません。これが小説家の感受性というものか！　と驚嘆しました。僕もかつてはまあまあ好き嫌いの多い子供でしたが、このように形而上《けいじじょう》的な理由で嫌っていたものは、残念ながらさっぱり思い当たりません。「苦いから」「酸っぱいから」「パサパサしているから」といった、いたくつまらない理由ばかりです。

しかし、ちょっと悔しくなってきたところで、大人になってから出会った数少ない苦手食材の中に、対抗できそうなものを一つ思い付きました。血の料理です。幸いと言うべきか日本ではあまり出会うことはありませんが、血そのものをプルプルに固めた中華の血豆腐や、ヨーロッパにある血のソーセージなどがそれにあたります。食べてみると案外クセもなく、味の上では嫌う要素はそうないと理性では判断できるのですが、どうしても気持ちがその判断を拒否してしまう。これもまた「命の気配が強すぎる」故なのかもしれません。

いつか千早さんに「血はどうですか？」と聞いてみたい気がします。牛乳や卵より更に命の気配が強いと思いませんか？　と。もっとも、大人になってお酒が飲めるようになってからはウニも克服されたようですから、血のソーセージも案外平気でワインと合わせたりしていらっしゃるかもしれません。

時の移ろいと共に好き嫌いが変化するという意味では、とても身につまされた話があります。「かぼちゃ団子」にまつわる話です。

小さい頃、北海道の祖母に作ってもらった食べもの。かぼちゃを蒸して潰し、片栗粉と混ぜ、円筒形にして輪切りにする。〈中略〉バターをひいたフライパンで両面をこんがりと焼き、蜂蜜と醤油をかけて食べさせてくれた。

（「かぼちゃ団子」）

フライパンがじゅうじゅうと音をたて、乳くさい脂の香りがただようと、オレンジ色のかぼちゃ団子がでてくる。〈中略〉熱くて、もちもちして、甘じょっぱくて、「おいしいおいしい」と私は何度も言った。祖母は嬉しそうだった。

（同）

読んだ瞬間、お腹《なか》が鳴りました。個人的にかぼちゃはあまり好きではないのですが、好きではない食材がギリギリおいしそうに「化ける」料理には、なぜか妙に惹《ひ》かれることがあります。バターで両面こんがり、の部分で、かぼちゃが化けるであろうことを確信しました。蜂蜜と醤油、のあたりも、おかずでもなくお菓子でもない、どこか曖昧な自由さが感じられて魅力的です。咄嗟に、自分も作ってみようかな、とも思いました。

しかし作者のほうはというと、久しぶりにそれを作って、少しがっかりする結果になるのです。

昔ほどはおいしくはなかった。〈中略〉食感も味も一本調子な感じである。なにより酒に合わないので晩ごはんのおかずにはならず、昼ごはんにするにもおやつっぽすぎる。わざわざかぼちゃを買ってまで作る料理でもない気がした。作っても、冷凍庫の底にずっと残っている。今の私の食生活には合わない。もてあましてしまう。(同)

ついさっきシズル感たっぷりの描写でかき立てられた興味と食欲を、今さらどうしてくれるんだ！　と裏切られた気持ちになりましたが、言っていることはとてもよくわかります。僕にとってもまさに同じような食べ物があるからです。

僕にとっての「かぼちゃ団子」——それは、「あくまき」でした。鹿児島以外ではたぶんほとんど知られていない食べ物なので簡単に説明しておくと、それはちまきによく似た食べ物なのですが、単に蒸すのではなく木灰《きばい》の汁で煮るという点が大きく違います。そのことにより、色は半透明の鼈甲《べっこう》色になり、食感はちまきよりずっと柔らかく、もちもちとぶよぶよの中間といったところ。これにきな粉をまぶして食べるのですが、きな粉には砂糖だけでなく塩も入っており、甘じょっぱい味です。それをむせかえらんばかりにたっぷりまぶして食べるのが、子供の頃の大好物でした。あんこの入った和菓子は大嫌いだったのですが、これだったらどれだけでも食べ続けることができました。

一八歳で鹿児島を出てからはずっと食べる機会がなかったのですが、ある時ふと思い出し、親に頼んで送ってもらいました。しかし、それは昔ほどおいしくなかったのです。味そのものはあの懐かしい味そのままでした。でも大人になった自分は、それをいつどういうタイミングで、どういう気持ちで食べたらいいのかわからないまま、届いた日に二切れ食べただけで、後はすっかり持て余してしまったのです。見て見ぬふりをしているうちに、いつしかそれはほとんど残った状態でカビが生え、結局捨てることになりました。

私は大人になってもっとおいしいものがあることを知ってしまったのだ。悲しくもあり、わかっていたことのような気もした。（同）

あくまきを捨てる結果になった時の僕も、全く同じことを考えていました。ただしこのちょっと切ないかぼちゃ団子の物語は、とてもポジティブな言葉で締めくくられています。この本の中でも白眉と言える部分だと思いますので、こちらはぜひ実際に読んでいただきたいと思います。

それはそれとして、かぼちゃ団子、やっぱり一度は僕も作ってみたいと思っています。確かに持て余すかもしれません。しかし、もし持て余しそうになったら、ゴルゴンゾーラチーズのクリームソースと合わせよう、と今から入念に計画を立てています。大人になるというのは、そんな小賢《こざか》しい知恵も身につけるということなのです。

ダン・ジュラフスキー／〔訳〕小野木明恵
『ペルシア王は「天ぷら」がお好き？
味と語源でたどる食の人類史』（早川書房、二〇一五年）

この本を読み始めるにあたっては、まず原題を確認することをお勧めします。原題は*The Language of Food*。直訳すると「食べ物の言語」。なんともシンプルですが、もう少し内容に沿って意訳するなら「料理の言語学」といったところでしょうか。この本は、言語学的手法を用いて、過去から現代に至る料理の歴史を紐解く本です。

極めてキャッチーに翻案された邦題タイトルや表紙イラストからは、食べ物の歴史におけるオモシロ蘊蓄集のような印象も受けます。もちろんそういう本としても実に楽しく読めるはずです。こういうところが、食をテーマとする本のいいところですね。いかにもおいしそうな今の食べ物から、いにしえの摩訶《まか》不思議な食べ物まで、食欲と想像力をかき立てられる魅力的な話題が満載です。とはいえこの本の最大の魅力はあくまで「言語学的アプローチ」の部分。

そう言うと、ちょっと小難しそうな印象もあるかもしれません。この本で用いられる最新の言語学的技法の一つが、言語学的ツールを用いて、あらゆる種類のオンラインテキストやデジタルテキストから、現代の食に関する様々な傾向を抽出するものです。

食べ物について語る際に使われる言葉は、現在をよりよく理解し読み解くための暗号《コード》でもあるのだ。〈中略〉

本書では、コンピュータを用いたこれらの言語学的ツールを食べ物の研究に応用していく。インターネットの出現により入手可能になった豊富なデータベースを利用して、ネット上にある無数のレストランの感想や、同じくネットにアップロードされている何千ものメニューを調べ、食べ物の広告や食品ブランドの言語学的な側面を考える。

ほらやっぱり小難しそうではないか、と思われるかもしれませんが、これが抜群にわかりやすくて面白いんですね。第一章ではこの技法が、レストランのメニューを「読み解く」ために使われます。どう面白いのか。たとえるならそれは、外食好きの人々が集う飲み会での「あるある」話のようなのです。

・一九〇〇年代初頭の高級レストランのメニューでは、やたらとフランス語混じりのもったいぶった料理名が付けられていた。フランス語の混ざり具合は、低価格店の五倍
・最近の高級店のメニューでは、食材の産地が強くアピールされ、その頻度は低価格店の一五倍
・低価格店のメニュー数は高級店の二倍はあり、それに対して高級店では「お客様のお好みで」が頻出したり、「シェフのお薦め」について語られたりする頻度が七倍である
・高級店で使われる単語は長い。料理に使われる単語の平均的な長さが一文字増えると、価格が一八セント高くなる
・最近ではフランス語以外の言語(イタリア語、スペイン語、アラビア語、日本語など)もよ

く使われ、「エキゾチック」「スパイス」といった言葉が使われると価格も高くなる
・低価格店では、「おいしい」「よだれが出そうな」「風味が良い」などの曖昧な表現や、「ぴりっとした」「かりかりした」「ザクザクした」などの感覚的な言葉が「埋め草的に」使われる

挙げていくとキリがないのですが、「確かにそうだよなあ」と苦笑するしかありません。それがコンピューター解析によるデータとして提示されるわけですから、情報の強度も強い。僕自身はレストランをやる側の人でもあるので、特に身につまされるところも多いわけです。

メニューでついつい「ふんわり」「パリパリ」などのキャッチーな言葉を使いたくなるけど、それはやればやるほど安っぽくなってしまう。産地を書いたらいい印象を与えることができるのもわかっているけど、そんなさして本質的ではない情報で自慢げにしていると思われるのも嫌だ。確かに、日々がそんな葛藤です。

ある時、僕はどちらかと言うと庶民的な部類に入るレストランのショーケースの中に、

ちょっと奇妙なメニュー名を見かけたことがあります。それは「農家で採れたジャガイモのペペロンチーノ」というものでした。ジャガイモなんだからそれは農家で採れるに決まってるだろう、と、その時は思わず笑ってしまったのですが、そこには命名者の苦慮もあるわけです。

現代は、単に「ジャガイモのペペロンチーノ」だけでは、メニュー名として成立しません。きっと命名者の脳裏には「ほくほくジャガイモの〜」という案も浮かんだことでしょう。しかしそれはいかにも手垢《てあか》の付いた表現だし、それにいかにも安っぽい。「士幌《しほろ》産キタアカリの〜」とでも謳《うた》えたら申し分ありませんが、そこまで産地や品種にこだわれるような価格帯の店でもない。呻吟《しんぎん》に呻吟を重ねた挙句、半ばわけがわからなくなって、このような滑稽な「埋め草」にうっかりたどり着いてしまったのではないでしょうか。

初めは笑っていた僕ですが、自分がやっていることも結局これと五十歩百歩かもしれないし、他人事《ひとごと》とは言えないな、と次第に真顔になってしまいました。統計的分析が冷徹に映し出す現代の事象には、この種のいかにも人間臭い物語まで現れ出てくるのです。

このビッグデータからの言語学的分析の手法が登場するのが第七章。「セックス、ドラッグ、スシロール」というなかなか刺激的なタイトルのこの章で分析の対象となるのは、なんと「レビューサイト」です。

肯定的な意見よりも否定的な意見を表わすときのほうが、様々な意味合いに分かれたより多くの種類の単語が存在することは、多言語について広く認められることだ。これは「否定の分化」と呼ばれている。人間は、否定的な感情や状況はそれぞれが大きく異なるものであり、別個の言葉が必要であると感じるようなのだ。これとは対照的に、喜ばしい感情や良い状況はそれぞれがよく似ているように感じられ、もっと少ない単語の集まりで事足りるようだ。

これは確かに実感があります。レビューサイトを眺めていると、高評価のレビューには通り一遍の言葉ばかりが並んでいる。対して低評価のレビューは(思い込みや誤解も多いとはいえ)、ぐっと豊かな語彙で生き生きとした表現が並んでいる。だからレビューサイトは低評価レビュー（の裏読み）のほうが、その店のリアルな姿を浮かび上がらせるものとして役に立つ、というのがかねてからの僕の持論なのですが、まさかそのことに言語学的な裏付けがあるとは思いませんでした。本には実際にデータとして収集された、様々な「否定的」表現が例示されています。これもまさに「あるある」の連続で、爆笑を禁じ得ません。

章タイトルにある「セックス」が意味するのは、こういうことです。

こうしたセックスを比喩に用いた表現は、とくに高価な食べ物と関連しているようだ。私たちは何百万というレストランのレビューを題材に、セックスに言及しているあらゆる部分（あるいはsexy〈セクシーな〉、seductive〈誘惑的な〉、orgasms〈オルガスム〉、lust〈性欲〉などの関連する単語）を抜き出して調査した。〈中略〉レストランに良い印象を抱いた人は、実際に性的な比喩を使う頻度が高かった。そのうえ経済的なつながりも発見できた。セックスへの言及は、高価なレストランのレビューで使われる頻度がとりわけ高いのだ。

これはもしかしたら、日本人には少し理解し難い感覚かもしれません。しかし洋画や洋書なんかで、この種の表現にはしばしば出会いますね。著者の研究はアメリカのカリフォルニアを拠点としていますから、言語にまつわる普遍性と同時に、こういう民族性の違いを知ることができるのもまた興味深い点です。

ポテトチップスや甘いお菓子などの「ジャンクフード」にまつわる言葉の解析からは、奇妙なほどの普遍性が表れます。そういった食べ物について語る時、人は、「中毒性のある」「ドラッグのような」という表現を多用するようです。日本の場合「やみつき」「たまにどうしても食べたくなる」といった、少しマイルドな表現になりがちですが、意味するところは同じですね。これに関してはこう解説されています。

ともかく、ドラッグにかんするこのような比喩表現がどの言語でも見られることから、ジャンクフードとデザートに中毒性があるという認識が私たちの文化にいかに深く根付いているかがわかる。食べ物に責任を負わせることで、揚げ物や砂糖たっぷりのスナックを食べるという自分自身の「罪」から距離を置いているのだ。

つまり、ジャンクフードに対する罪悪感を、食べ物の側になすりつけているということです。悪いのは意志の弱い自分ではなくお菓子のほうなのよ！　と。これもまた、実に耳が痛いですね。

最後に、この本のもう一つの重要なコンテンツが、世界を横断する料理文化の伝播《でんぱ》に関する言語学的分析です。シクバージと呼ばれる揚げた魚を酢に漬けた中世アラブ世界の保存食が巡り巡って日本の天ぷらになった経緯や、トマトケチャップのルーツをたどると最終的に東南アジアの魚醬《ぎよしよう》に至る、といった、なんとも直感を裏切る話が続きます。牽強《けんきよう》付会《ふかい》かとさえ思えるような話も多々ありますが、学問的裏付けがあるとなっては納得するしかない。そんな混乱が楽しめるのもまた、この本ならではの面白さです。

畑中三応子《はたなかみおこ》『ファッションフード、あります。

はやりの食べ物クロニクル』（ちくま文庫、二〇一八年）

※単行本（紀伊國屋書店、二〇一三年）

どうも僕は昔から、食べ物の好みに関しては「ミーハー」だったようです。イタリアンやタイ料理が流行っていればすぐに飛び付き、バルやビストロのブームにも飛び付き、グルメ雑誌が（さすがにネタ切れになってきたのか）「これから来るのは南米料理と南インド料理だ！」と、やや無理筋に煽《あお》れば、まんまとそれに引っかかりました。

ある時、僕は自覚しました。どうも自分は、雑誌などで「丸の内ＯＬに大人気！」と修辞される類の食べ物に片っ端から惹かれてしまうようだ、と。当時は名古屋に住んで岐阜で働いていましたから、丸の内ＯＬという人種がいかなる人々なのかはさっぱりわかりませんでしたが、自分の中には確実に丸の内ＯＬが棲《す》んでいる、と考えざるを得ませんでした。

それも今は昔。ＯＬという言葉自体がこの世からほぼ消えました。情報の発信地はもはや丸の内ではありませんし、たぶん渋谷でもありません。じゃあどこなのだと言われてもわかりませんが、この本は、各時代におけるそんな概念としての、い、い、「丸の内ＯＬ」たち（もちろんそこには僕のような男性も含まれる）が紡いできた物語を総ざらいしたクロニクルです。

前書きには、こんな言葉があります。


ファッションフードは、だれもが参加できるポップカルチャーである

食べ物の流行りに乗っかるということの意味は、この一文に集約されている気がします。だから僕も、地方に住みながら丸の内ＯＬ（しつこいな……）が引き起こすムーブメントに、ややタイムラグはありつつも、乗っかり、それを楽しむことができたわけです。

著者は、ファッションフードをこう定義します。

純粋に味覚を楽しむ美食行為としてではなく、流行の洋服や音楽、アートやマンガなどのポップカルチャーと同じ次元で消費される食べ物が、ファッションフードである。

そして本格的にファッションフードが到来した時代を一九七〇年代に置き、その始まりにおいて『アンアン』『ノンノ』といった、当時の新創刊女性誌が重要な役割を果たしたと指摘します。

アンノンがなにより画期的だったのは、食と家事を切り離したことにある。家事としての調理情報はほぼ無視し、遊びの要素を強調した誌面作りは、家庭内性別役割分業からの遁走《とんそう》を、女たちに促したとはいえないだろうか。食を義務から趣味や娯楽に塗りかえて、新しい価値観を提示したファッションフードは、良妻賢母イデオロギーに対する若い女たちのレジスタンスであったのかもしれないのである。

なるほど、そうなのであれば、かつての「丸の内ＯＬ」こそ、その後真っ先にそういった「家庭内性別役割分業からの遁走」をなし得て、「良妻賢母イデオロギー」から離脱した存在の象徴だったのかもしれません。

この黎明期におけるファッションフードとして語られるのは、マクドナルドをはじめとするファストフードの到来、カップヌードル、チーズケーキ、ナポリタン以外のスパゲッティ、喫茶店文化、などなど、どれも現代においてはある意味インフラと言っていいくらい定着しているものばかりです。唯一なくなったものとして「サラダ専門店」が挙げられていますが、これは市販ドレッシングの普及などにも伴い、それが家庭でも当たり前に食べられる料理になったからですね。もはやこの時代は、ファッションフード元年と言うより、むしろ現代の食生活の基盤が作られた時代なのではないかという気すらしてきます。ちなみにこの章では、本筋から少し離れて、『アンアン』や『ノンノ』におけるテキストや写真の斬新な技法に関する分析、ファストフードがアメリカにおける近代家政学直系の子孫であるという論説も紹介されており、そこだけでも実に骨太で濃密な内容となっています。

続く八〇年代では、ファッションフード文化が爆発的に進化した歴史が語られます。著者も編集者として関わった、この時代の食文化ムックに関する記述は、現代の視点から見ても圧巻です。

八〇年代初頭に創刊された『くりま』、『シェフ・シリーズ』などの食文化ムックは、女性誌の料理情報を乗り越えるべく、食をあたかも純文学のように扱って読者を本格志向、美食家志向に誘導した。

その具体的な内容については、ぜひ本書を参照していただきたいのですが、とにかく内容の濃さ、レベルの高さが窺い知れます。今となっては、ある種のオーパーツなのかもしれません。僕は思わず、古書でこのあたりのムック本を漁《あさ》ってしまいました。

とはいえ、それはあくまで一部のスノッブで都会的な人々に限定された文化だったのかもしれません。その後大衆化していくファッションフード的潮流――すなわち、『美味《おい》しんぼ』、機能性食品、グルメガイド、名水ブームなどは、もちろん啓蒙的な意味で大きな役割を果たしたのは間違いないのでしょうが、同時にどこか大袈裟な嘘くささも感じさせます。

著者言うところの「盤石の七〇年代」は、あくまで今の視点から振り返ると、単なる流行とは片付けられない、しっかりと地に足のついた文化の成熟という印象ですが、この時代においては既にそれが爛熟《らんじゆく》期を迎えていたということなのでしょうか。

本書では、この時代において避けては通れない話題であるバブル期の、欧米への憧れを体現した（いかにもファッションフードらしい！）ファッションフードに関しても触れられています。しかしむしろ多くのページが割かれているのは、東南アジア料理を中心とするエスニックブームについてです。

地理的には近いが、文化的には遠かったエスニック料理の取り込みは、八〇年代的にいえば欧米中心であったファッションフードの「脱構築」だった。〈中略〉ヨーロッパとアメリカから「ナウ」な味を輸入し続けてきた日本にやって来たアジアという異文化は、日本人の欧米信仰を揺さぶった。

このあたりからついに、僕自身も同時代的に体験してきた食の流行が語られ始め、個人的に感無量でもあります。

高級フランス料理や「イタメシ」と称された最先端のイタリア料理、あるいはディスコにカフェバーに「空間プロデューサー」みたいなバブル文化は、僕のような田舎の高校生にとっては、相当に非現実的なものでもありました。それはあくまで都会に住む年上のお兄さんお姉さんのものであって、自分にとっては無縁の、なんなら近づくのも畏《おそ》れ多い世界である、という（思春期にありがちな少々屈折した）感覚。

エスニック料理のファッションフード化は、「今ここからなら参加できる！　乗るしかない、このビッグウェーブに！」という勇気ときっかけを与えてくれました。ファッションフードは誰もが参加できるポップカルチャー、という言葉の重みを、改めて実感させられました。

この後、本書は九〇年代、二〇〇〇年代の流行を追っていきます。読者にとって記憶に新しいトピックも増えますので、実感やある種の懐かしさ、もしかしたら時には「黒歴史」的な記憶と共に読み進めることになるでしょう。そして、内容は二〇一〇年でいったんのピリオドを打ちます。本書（単行本版）の初版は二〇一三年。早いもので、それからもう一〇年以上が経ちました。

この一〇年、つまり本書の構成に照らし合わせるならば一章分を費やす期間に、どんなファッションフードが生まれたかを思い巡らせてみるのも楽しそうです。タピオカ、韓流グルメ、パンケーキ、レトロ喫茶、大衆酒場、町中華……。よく言えば安心感のある、悪く言えば少々みみっちい流行が続いているような気がするのは、僕だけではないでしょう。

しかしこれはもしかしたら、七〇年代以前からの女性への呪縛がいよいよ薄まってきたことも意味するのかもしれません。丸の内ＯＬもとい都会でフルタイムで働く女性たちが、肩で風を切るように流行をリードしなければならない時代はもう終わったのでしょう。もちろんその陰でまた別の閉塞感は増すばかりではありますが、著者がこの一〇年をどう読み解くか、一章分だけでもとその続編を期待してしまいます。

上原善広『被差別の食卓』（新潮新書、二〇〇五年）

ケンタッキーフライドチキンが、子供の頃から大好きです。コロモと皮はしょっぱくスパイシーで独特のとても濃い味ですが、それに包まれた肉の部分は意外と淡白でホクホクしています。大きくて骨付きなのは少し食べづらいけど、その骨から肉を引き剝がしながらワイルドに食べるのがまた楽しくて、何よりそれは普段食べる骨なしのモモ肉やムネ肉よりもずいぶん豪華な感じがします。

僕だけではなく多くの日本人にとっても、それはちょっと特別なご馳走《ちそう》で、だからクリスマスに家族みんなで食べる、という習慣もすっかり定着しています。ただし最近では、この習慣がアメリカ人から見るとかなり滑稽である、という話もよく聞かれるようになりました。ケンタッキーフライドチキンは、あくまで安価でありふれたジャンクフードであり、そんなものをお祝いの日にありがたがって食べるなんて変だよ、ということのようです。しかしそんなことを言われましても、我々にとってフライドチキンは、程よくおしゃれでそれなりに豪華で、そして素晴らしくおいしいご馳走です。

ケンタッキーフライドチキンのCMでは、昔から名曲「ケンタッキーの我が家」がBGMとして使われ、いかにも牧歌的で温かい雰囲気が演出されています。まさにクリスマスの家族団欒《だんらん》にもふさわしいイメージ。この曲は現在、ケンタッキー州の州歌でもあります。しかし実は歌詞には元々、奴隷プランテーションの描写が含まれており、現代では差別的とされる黒人の蔑称も使われていました。

「ソウルフード」という言葉は、日本でもある時期から頻繁に使われるようになりました。概ね「郷土料理」、あるいはそこまで歴史が長いわけではないけれど特定地域で愛されている独特な「ローカルフード」の、ちょっとかっこいい言い換えとして用いられています。例えば、「味噌カツは愛知県民のソウルフード」といったような使われ方です。

しかしソウルフードという言葉は本来、それほど単純で呑気《のんき》なものではありません。それは元々、アメリカ南部の黒人奴隷文化が背景となって生まれた言葉です。そして実はフライドチキンもまた、そんなソウルフードの代表格です。虐《しいた》げられた奴隷たちの、つらく貧しい生活の中から生まれた料理、ということです。

ほとんどの日本人にとって、それがどういうことなのかはさっぱりわからないでしょうから、とりあえず本書からその具体的な説明を引用しておきます。ソウルフードという概念を完全に理解していたはずの著者の上原善広さんですら最初は困惑した、なぜフライドチキンがソウルフードなのか、という謎に対する、南部で出会ったある黒人女性からの回答です。

「ほら、鶏の手羽ってあるでしょ。フライドチキンが奴隷料理だったというのは、あの手羽先をディープ・フライしていたからなのよ。白人農場主の捨てた鶏の手羽先や足の先っぽ、首なんかを、黒人奴隷たちはディープ・フライにしたの。長い時間油で揚げると、骨まで柔らかくなって、そんな捨てるようなところでも、骨ごとおいしく食べられるようになる。焼くほど手間はかからないし、揚げた方が満腹感あるしね」

ケンタッキーフライドチキンには、五種類の部位があります。それぞれ特徴的な形状で、味わいにも微妙な違いがあります。その中で僕が最も好きなのは、「リブ」と呼ばれる部位です。直訳すると「アバラ」ですね。正方形に近い台形で、裏側の少し内向きに反《そ》った部分には細いアバラ骨が並んでいる部位、と言えばおわかりいただけるでしょうか。

この部位は僕が大好きな皮の面積が広く、それでいて肉の部分はいわゆるムネ肉の一部なので特にあっさりとしている、そのコントラストが魅力です。裏側のアバラ骨の凹凸にはコロモがしっかり絡んでいます。このアバラ骨はもちろん硬いのですが、部分的には食べようと思えば食べられる硬さであり、味の濃いコロモが絡んだそれをしゃぶりつつ噛《か》み砕いて食べるのもまたいいものなのです。

原初の、つまりソウルフードとしてのフライドチキンは、むしろこのアバラ骨とその周りのわずかな肉だけだったということなのでしょう。ムネ肉は日本ではさほど人気がありませんが、欧米人にとっては最も好まれる部位です。だから「リブ」のたっぷりとしたムネ肉の部分は、奴隷ではなく白人農場主のほうに回ったはずです。

本書ではアメリカ南部のソウルフードに続き、ブラジルの黒人奴隷料理についても触れられます。ブラジル料理で僕が最も好きなものの一つがフェジョアーダ。豚肉のいろいろな部位を黒っぽい豆と一緒に煮込み、米にかけて食べる料理です。いろいろな部位といってもそれは、耳、鼻、尻尾、足先、内臓など。つまりこれもフライドチキンと同じく、白人農場主が食べずに捨てるところだけをかき集め、比較的安価な食材である豆と煮込んだ黒人奴隷料理が出自、ということになります。

しかし著者はあるアフリカ系黒人の集落で、そこではこの料理を作らないという証言も得ました。その理由とはこういうものです。

「フェジョアーダは奴隷料理でしょう。ここは奴隷の身分から逃亡してきた人たちの集落だから、奴隷じゃないんですよ。だから豚なんて滅多に手に入らなかった。白人農場主の余り物で作ったフェジョアーダは、どちらかというとセンザーラ（黒人奴隷の収容所）料理といえるでしょうね」

この集落はかつて逃亡奴隷によって作られた集落で、キロンボと呼ばれています。キロンボは言うなれば「楽園」であり、国内にはいくつものキロンボが今でも存在するとのこと。この集落はなんと約三〇〇年前から続く集落であり、食料として海産物が手に入れやすいよう、海岸近くに作られました。

豚肉は内臓すら手に入らず、米もなかなか手に入らない。そして人目を忍び続けねばならない、厳しく貧しい生活。しかしそうであっても奴隷の生活に比べれば「楽園」だったというのは、なんともやるせない、憤りすら感じる話です。そして今も彼らは差別を恐れ、ものの売り買いを除けばなるべく都会とは交わらないよう生活しています。

肌が真っ黒で、鼻が低いという特徴があるため、町に出ても一目でキロンボの黒人だとわかってしまう。そのため、もっとも弱者である子供がひどく苛《いじ》められるのだ。

結婚も、同じキロンボ内や近くにある他のキロンボの住民同士でする。

自身も関西の被差別部落出身である著者は、その様子を「以前の部落と同じ状況」と書いています。

現在フェジョアーダはブラジルの名物料理となり、レストランで提供されるそれは、尻尾などの副生物だけでなく肉やソーセージも入る豪華な料理にもなっています。フェジョアーダと並んで有名なムケッカは「ブラジルのブイヤベース」とも呼ばれる濃厚なシーフード料理ですが、これはこういった海沿いのキロンボの料理がルーツなのではないか、と著者は推理しています。

本書はそういった被差別の歴史の中から生まれた数々の料理が、なるべくルーツに近いところから紹介され、最終章では著者本人のルーツである関西の部落料理にも触れられます。最近では少し有名になりつつある、「さいぼし」や「あぶらかす」だけではなく、僕自身は初めて知る食べ物が大半でした。

国内のそれはともかく各国の料理は、著者の口に合うものもあればそうでないものもあったようですが、ただ一つ確かなのは、それらはどれもその土地の人々にとってはたまらないおいしさである、ということです。複雑な歴史を踏まえて、そういった料理を自分も実際に食べてみたい、それが素直な読後感でした。

ただし中には、とても食べたいとは思えない食べ物も登場します。これは正確には著者が実際目にした料理ではなく、死牛馬の処理と皮革加工を生業とするネパールの不可触民「サルキ」の男性の談話の中で語られるものです。

「病死した肉は、味がないです。臭いもよくない。でも内臓も全部食べます。あまり臭いのは食べないようにしてますけど」

そんなものまで糧《かて》とせねば生きていけなかった生活。そしてそれが故に一層差別が激しくなってしまうという現実。後味が悪かったかもしれませんが、この一節だけは、どうしても紹介しておかずにはいられませんでした。少々覚悟は必要かもしれませんが、ぜひご一読いただきたい力作。名著です。

吉田戦車『忍風！　肉とめし　1』（小学館、二〇一八年）

かつて、僕の後輩はこんなことを言っていました。

「正直なところ、ハンバーグの付け合わせの意味がわかりません」

彼にとって、ファミレスなどのハンバーグの鉄皿に一緒に付いてくるニンジンやインゲン、コーンなどの付け合わせは全て邪魔なのだとか。ポテトは好きだけど、いる・いらないで言えばなくてもよく、もちろん別で付いてくるミニサラダも不要とのこと。

「ハンバーグは、ハンバーグだけが皿にのってて、あとはご飯だけあればそれでいいんですよ。味噌汁くらいは、まあ、あっても許せるかな」

ちなみに、彼は飲食業界の人間です。飲食業界の人間にあるまじき発言と思われるかもしれませんが、プロにとって仕事とプライベートは全く別なのです。彼は当時、和食店の極めて優秀な店長として、魚を中心に野菜もふんだんに取り入れたバランスのいい食事をお客さんに提供していました。

そしてその話を先輩の立場で聞いた僕も、「仮にも飲食に携わる者がなんという体たらくか！」と諌めることもなく、とりあえずゲラゲラ笑いながら、心中「んー、なんかでもちょっとわかる気がする……」と思っていました。

当時、彼も僕もまだ三〇代だったと思います。いい大人ですが、言ってることは完全に「男子」です。中学生男子の言いそうなことです。普通は大人になるに従って分別も付き、そういうことは人前では言わなくなるものですが、少なからぬ大人の男性が心の中で密《ひそ》かにそういうふうに思っているような気がします。そもそも男というものは、本質的に中学生時代からさほど成長していないものです。このことを無理やりいいふうに言ったのが「少年の心を持ち続ける大人」ということになります。

昨今、男女の性差について触れるのは若干憚《はばか》られますが、女性のほうが野菜を含めていろいろな食べ物をバランスよく食べようとする「傾向」があることは間違いありません。

「ちょっとずついろいろ」や「コース料理」は、主に女性に人気があります。決めつけはよくないですが、「傾向」は把握しておかないと、飲食業ではやっていけないのです。他のビジネスでも、きっとそうでしょうね。

このことに関して、興味深い説を聞いたことがあります。人類がまだ狩猟と採集で生きていた時代（つまり人類史の大半）において、男が迂闊《うかつ》に目新しいものを口にして運悪く食中毒で倒れでもしたら、それは致命的なミスになるという話です。その間は狩にも出られませんし、もしそのタイミングで集落が何者かに襲われでもしたら、集落も、家族も、そして我が身すら守ることができません。それに対して、出産や授乳を行う必要がある女性は、なるべくあらゆる食べ物から様々な栄養素を充分に摂取し続けられるかどうかが死活問題となる、というのがその説です。

ちょっと疑似科学的と言いますか、トンデモの匂いもしますが、食に関する性差の傾向を説明するという意味ではなかなか説得力があると思っています。もちろんそういったジェンダー的な違いを文明と理性で乗り越えるのが人間という生物ではありますが、現代においてワンパクで単純な食べ物ばかりを食べたがるタイプの男性は、家族や仲間を守らねばならぬという本能が文明の中にいてもバキバキに利いている、頼もしい男性とも言えるのかもしれません。

吉田戦車氏の、ごく初期の四コマ作品だったか、ひとコマのカット的なものだったかに、「誰か『肉とめし』っていう店を作ってくれ!」と作者本人と思われるキャラクターが熱望する、というものがあったことを強烈に覚えています。野菜などがごちゃごちゃ入った料理はいいから、とにかく肉を焼くか炒めるかしたものとご飯だけをシンプルに出して欲しい、ということですね。後輩のハンバーグ男と完全に発想は同じです。中学生男子です。

後の吉田戦車氏は、料理エッセイとしても『逃避めし』(イースト・プレス、二〇一一年)などを書かれましたし、普段のSNSでの投稿などからも食に対する造詣の深さが窺えます。そんな姿からは「肉とめし」だけを渇望する氏は想像し難い気もしますが、その四コマが書かれたのはおそらく三〇歳前後。当時はまだまだ中学生男子度が高かったのでしょう。

……と思いきや、実はそこから実に二十数年を経て、このネタは全三巻の連作漫画に結実しました。それがこの『忍風！　肉とめし』です。

時は現代、Ｐ県にある虎尾《とらお》の里のお殿様・虎尾岩髭は日々、「肉とめし」のみを所望。苦心する料理番の父のためにくノ一・ハコベが大奮闘、というのがその設定。徹底的に馬鹿馬鹿しく非現実的な設定から、妙に説得力のある、緻密とも言えるストーリーが展開するのは吉田戦車氏の真骨頂です。読み進めていくと吉田戦車ファンなら、この「Ｐ県」が「ぷりぷり県」であることに気付くはず。現代なのにお殿様がいて忍者が活躍しているという強引な世界観も、「ぷりぷり県ならしょうがねえな」と受け入れるしかありません。ぷりぷり県は、ピーターパンにおけるネバーランドであり、ハリー・ポッターにおけるホグワーツなのです。そしてこの作品は、そんな「ぷりぷり県サーガ」の新章であるとも言えるでしょう。

「肉とめし」を所望する虎尾岩髭は作者の若き日の投影なのか、と思いながら読み始めた僕だったのですが、すぐにそうではないことに気付いてしまいました。現在の作者の心の中には、どこかに今なお中学生男子が棲んでいる。そのリアルタイムな投影こそがこのお殿様なのだ、と僕は確信しました。

　プロローグで、虎尾岩髭は市販の焼肉のタレで味付けした焼肉（もちろん野菜は一切入らず、肉とタレだけ）を前にして、「飽きた、おぬしの肉料理」と料理番のカンゾウに冷酷に告げます。そこから新たな肉料理のレパートリーを生み出すために主人公の活躍が始まるわけですが、第一話でたどり着いたのは「フライパンで焼いた豚肉に生醤油《きじょうゆ》をかけただけ」のものでした。

　市販の焼肉のタレで味付けした肉だけの焼肉は、世の中の多くの男子にとって、「肉とめし」の原風景なのではないかと思います。僕もまさにそういうものを、大学生時代の自炊で盛んに作っていた気がします。かつて初出の一コマ漫画の時点で作者がイメージしていたものも、それだったのではないでしょうか。

　焼肉のタレを筆頭に、世の〇〇のタレは、おしなべておいしいものです。しかしそれは不思議なことに、食べ続けると急激に飽きがくるものでもあります。タレに限らず、複雑な味構成の料理には、どこかそんなところがあります。

　僕はかつてある時、自分が作る料理を自分で食べることに、すっかり飽きてしまったことがありました。そしてそれを解決したのが、料理からなるべく要素を引き算して限界までシンプルに仕上げる、というアイデアでした。シンプルにするほどそこには、それまで知っているようで知らなかった新鮮なおいしさが現れるのです。それがずいぶん面白くていろいろな料理で試しているうちに、それは『ミニマル料理　最小限の材料で最大のおいしさを手に入れる現代のレシピ85』（柴田書店、二〇二三年）という一冊のレシピ本になりました。

吉田戦車氏がこの二十数年でたどった道も、おおよそこのようなものだったのではないでしょうか。「豚焼き肉生醤油」は、まさにミニマル料理です。虎尾岩髭と作者自身の中に棲んでいる中学生男子は、中学生男子のまま静かに成熟していたのです。さしずめ、一皮剝けた中学生男子、といったところです。そして僕の中にも、その中学生男子がいまだ息づいていることを自覚せずにはいられませんでした。というのも、この料理だけでなく、「肉だけ酢豚」「カレーの豚肉」「ラム肉蒲焼き丼」「豚赤身肉天ぷら」「鴨汁」など、自分も普段作っているものと酷似した料理が、作品には次々と登場したからです。

確かに僕は、こういう肉だけ料理を作る時、その周りに何品かの野菜料理を並べるのが常です。しかしそんな時でも、意識の中心では常に「肉とめし」を最後のクライマックスとして強く意識し続けているのは認めざるを得ません。僕は近々家族のいない一人の食事の時を見計らって、「肉とめし」だけをこっそり堪能するアイデアを思い付きました。想像するだけでワクワクします。俺の中の中学生男子よ、今まですまなかった。

虎尾岩髭の奥方は現在、ご子息の通学のために居を別にされています。結婚前は母君に、その後は奥方に「肉とめし」を阻止され続けてきた彼は今、孤独と引き換えに連日の肉とめし三昧の生活を送っているのです。そうなんです、肉とめしの世界は、やはり女性には極めて理解してもらいにくい。しかしここで虎尾岩髭が「領主」であるという立場は示唆に富んでいます。何があろうと常に領民を守り抜かねばならない彼は、遠巻きにとはいえ文明に囲まれたこの地でもやはり、原始からの本能をバキバキに尖《とが》らせた頼もしい殿様なのです。

西村　淳《じゅん》『面白南極料理人』（新潮文庫、二〇〇四年）

※単行本（春風社、二〇〇一年）

料理人というのは極めて愉快な仕事である、と常々思っている僕ですが、それでも時折、料理人ってのはなかなか難儀だなあ、とも思ってしまうことがあります。

料理人の仕事は、いかにおいしい料理を作ってたくさんの人に喜んでもらうかが大事です。そこは文句なしに愉快な部分。しかし同時に、おいしければいいってもんでもありません。良い材料を使えば、確かにおいしい料理はできます。ただし食材というものは、ちょっと良くなると価格がグンと跳ね上がります。どこかで妥協が必要です。どのラインで妥協するのかを考えるのも大事な仕事です。

そしてお客さんに対しては、「妥協」だなんて口が裂けても言えません。誠心誠意おいしい料理を作りました、という顔をしなければいけません。もちろん誠心誠意であること自体には嘘はないのです。しかし、そこでは「〔まあいろんな大人の事情もあるから、このくらいで手を打つ必要があるわけですが、その範囲内においては〕誠心誠意おいしい料理を作りました」と、前半部分がミュートされています。

逆に、どこにでもあるような安い材料でも十分おいしく仕上がる料理だからって、それを馬鹿正直に出すのも難しい。スーパーで売ってるような普通の鶏肉に醬油をまぶしてこんがり焼いて七味唐辛子でも振ったら、それは完璧と言っていいくらいのおいしい料理になるわけですが、それを「その辺の鶏肉に普通の醬油をまぶして焼いたものです」と言って出すわけにもいきません。いや、出すことは可能ですが、とても商売にならないような安い値段を付けざるを得ません。

だから、鶏肉を「○○鶏」みたいなブランド品にする必要が出てきます。醬油も何か蘊蓄を語れるものにしたら更に良いでしょう。純粋に味の上で言えばそこでコストを上乗せする意味があまりなかったとしてもです。どの程度までそれをやるのかは、常に葛藤です。

多少妥協があったとしても、ちゃんと真面目に料理すれば、それは自然とおいしくなります。しかしそういうものは、どこの店でもそう変わらないものが出てきます。だから我々は、ちょっとでも独自性のある料理を出す必要があります。これはカッコよく言うと「差別化」という言葉で表されますが、何のことはない、それは「出し抜き合戦」です。知恵を絞って同業者を出し抜かねば生き残れない。料理人はそういう、生き馬の目を抜くが如き因果な世界を生きています。

ウイルスさえも生存を許されない南極ドーム基地で、隊員たちのために腕を振るう料理人である本書の語り部、西村淳さん。その姿は、こういった葛藤や因果とは無縁です。無論、制約だらけの環境ですが、西村さんはその制約の中で常にベストを尽くします。限られた材料や設備で、とにかく一番おいしくて隊員たちが喜んでくれるものを作るというゴールを目指して、脇目も振らずひた走る。葛藤なんてしている場合ではありません。その代わり、同業者を出し抜く必要もありません。

ある時西村さんは、アンコウ鍋を作ります。久しぶりの鍋料理ということで仲間たちは喜んでくれますが、西村さんとしては納得がいかない。いま一つおいしくないのです。そこで西村さんは、鍋の改造に取りかかります。コチュジャン、豆板醬《トウバンジャン》、ポン酢、めんつゆ、ごま油などを次々と投入してやたら辛い鍋になったのですが、それは仲間からの絶賛を受ける結果となりました。

寒いときに鍋料理と日本人は言うが、平均気温マイナス五七℃、標高三八〇〇mのここでは、どうもそれが当てはまらないみたいだ。白身の魚をポン酢で食べる形態は、いくら部屋の中が暖かくても、なにか心の隙間《すきま》が埋まらず、ものたりず、パワーがつかず、〈中略〉妙な心細さを覚えた。

周りには雪原しかないこの環境で、なんといっても食べることは最大の娯楽です。隊員たちは毎日、西村さんのおいしい料理を楽しみにしているし、西村さんも心底楽しんで料理を作っている様子が生き生きと伝わってきます。料理を作る人と食べる人の、純粋で理想的な関係性がそこにあります。僕はそれが眩《まぶ》しくもあるのです。

もちろん本当は、呑気に羨ましがれるような環境ではありません。西村さん含め、隊員たちの日々の業務は過酷なんてものではないのです。なんせ平均気温は摂氏マイナス五七度。食材は、冷やすためではなく凍らせないために冷蔵庫に収納する一部のものを除けば、全て凍ってしまいます。肉や魚はまだいいとして、卵も牛乳も凍ります。野菜も全て冷凍野菜です。

ちなみに冷凍野菜というのは、南極のみならず日本の飲食店においても、なかなか便利なものです。皮を剝いたりカットしたりの手間もいらず、何より安い。だから世の中の飲食店では結構使われています。もちろん僕も使うことがあります。ただし、もちろん味は新鮮な野菜には敵いません。だから葛藤するのです。なるべく味を落とすことなく、いかに効率化を進めるか。

南極では、そんな葛藤ともやはり無縁です。だって冷凍野菜しかないんだから！　あとはそれを使っていかにおいしい料理を作るか、ただそれだけをひたすらまっすぐに考えるのみ。結局、僕はやっぱりちょっと羨ましくなってしまうのです。

本当の過酷さは体験しなければわからないだろうとは思いつつ、本書を読んでいると、どこかそれを過小に見積もってしまいそうになります。なぜならば、西村氏の筆致があまりにも飄々としているからです。いい具合に「えーかげん」とも言えます。どこか、苦労話をそのまま苦労話として書くことを徹底的に避けている印象も受けます。過酷さをユーモアで包むのは読者を楽しませたいというサービス精神であり、また自身のダンディズムでもあるのかもしれません。そんなところも、どこか料理人っぽいなと思います。

料理人は俗世間においては度々、苦労話で身を飾る必要に迫られます。こんなに厳しい修業をしてきた、こんなに苦労して食材を調達している、こんなにこだわって料理と向き合っている……。どうしても、それは「盛《も》り」がちになります。しかし南極においては、そんな装飾には一文の値打ちもありません。少なくとも西村さんは、そんな自由を手に入れています。

閉ざされた環境での男たちの暮らしは、もしかしたら人間関係の軋轢《あつれき》もあったのかもしれません。しかし、西村さんはそれらしきものにもユーモアの衣を着せて笑い飛ばします。その代わりと言いますか、そのための手法と言いますか、この方「いい感じ」で口が悪い。特に序盤、取材のために同行した某有名カメラマンを実名でボロクソに貶す件《くだり》は抱腹絶倒です。カメラマン氏は隊員仲間ではなく部外者ということもあるのか、氏に対する毒舌には一切の遠慮がありません。むしろ仲間たちの憤慨を一手に引き受けて代弁している感もあり、なかなか漢気《おとこぎ》に溢れています。痛快です。

南極料理人のような責任も大義もありませんが、僕も家で料理をする時は、プロの料理人としての葛藤や難儀さから完全に解放されます。特に買い物に行くのすら面倒くさく、冷蔵庫と冷凍庫の残り物を駆使してなんとか一通りのものを作ろうなんて時は、心底邪念なくおいしいものを作ることだけを目指すことができる。それは、束の間の癒しの時間でもあります。

そんな時、僕は妄想します。いろんなご家庭を巡回して、そこのお家にある食材だけで最高のおいしさを目指す「出張料理人」の仕事って成立しないかしら、と。それは絶対に楽しいはずです。しかし具体的に想像していくと、やはりそれもまた少し種類の違う難儀さを抱え込むことになりそうです。

結局僕も南極行くしかないのかなと、ふと思いますが、摂氏マイナス五七度の野外作業に耐えられる自信は全くありません。だから僕は、その楽しい部分を重点的に抽出してくれた西村氏の著書を読んで、ある種のファンタジーとしてウットリするのです。幸いなことにこの作品には、あと数冊の「続編」があります。仕事に疲れた時のために、あえて全部は読まずに大事にとってあります。

岡根谷実里《おかねやみさと》『世界の食卓から社会が見える』(大和書房、二〇二三年)

円グラフに棒グラフに帯グラフ、グラフにもいろいろありますが、皆さんがお好きなのは何グラフですか? 僕はだいたいどれも好きですが、特に好きなのが折れ線グラフですね。折れ線グラフは「万物は流転する」「諸行無常」「まわるまわるよ時代はまわる」といったような、もののあわれを感じさせてくれます。

この本には、そんな折れ線グラフを中心に各種グラフが頻繁に登場します。グラフ好きにはたまりません。そのことも指し示すように、この本の前書きには、こんなことが書かれています。

この本は、「世界一おいしい社会科の教科書を作りたい」という思いで書き始めました。

著者ご自身もこれに続けて書かれているのですが、社会科には暗記科目というイメージがあり、僕も小中学生の頃は嫌いでした。特に人名などの漢字を憶《おぼ》えるのが苦手で、高校ではその理由だけでカタカナがメインの世界史を消去法的に選んだのを憶えています。そんな僕でもこの本は、まさに息もつかせず、最後まで夢中で読んでしまいました。だから、社会科が苦手でもグラフが好きでなくても大丈夫だと思います。食べ物のことが好きな人なら絶対に面白いはず、というういつものパターン。世界の珍しい食べ物に興味のある方には特におすすめです。

第一章はブルガリアを舞台に始まります。当然、登場するのはヨーグルト。

「お昼ご飯の支度をしよう」。そう言ってマルギーが冷蔵庫から取り出したのは、ヨーグルトときゅうり。えっと驚くこの食材の組み合わせで作るのは、ヨーグルトスープ「タラトール」だ。

きゅうりをみじん切りにし、くるみを砕き、さわやかな香草ディルを刻んだのをひとつかみ。そこに400グラムのヨーグルトのパックを丸ごと投入し、水を加えて固さを調整する。最後に塩、ひまわり油、それからつぶしたにんにくを加えてさっとまぜ、味をととのえる。


日本ではあまり、といいますか、ほとんど馴染みのないパターンの料理ですが、料理に詳しい人は、インドの「ライタ」みたいだな、とピンとくるかもしれません。ただしあくまで「付け合わせ」であるライタと大きく違うのは、この料理は食卓の主役になるという点です。「世界の台所探検家」である著者は、世界各地の台所を訪れ、料理を通して暮らしや文化を伝えることがライフワーク。ここでも、このヨーグルトスープを中心にしたブルガリアのある夏の日の食卓の様子が、写真も交えてレポートされます。今すぐ、そこにテレポートしてご相伴《しょうばん》にあずかりたくなります。

さすがヨーグルトの国、一度に食べる量もその頻度も日本とは桁違《けたちが》いだな、と納得しながら読み進めていくと、衝撃の折れ線グラフが登場します。ブルガリア国内の一日あたりヨーグルト消費量は一九八九年以降数年で半分以下にまで激減し、その後はほぼ横ばい。その年にいったい何があったのかと言うと……という「社会」の話が始まり、最後はこう結ばれます。

私たちは、自分が生まれる前からあることを〝伝統〟〝昔ながら〟と言いがちだけれど、昔から不変と思っているものこそあやしい。だからこそ食から歴史を遡ると、発見が多くておもしろいのだ。

本書では、日本人にとっての米もその一例である、ということが書かれていますが、他には例えば「おせち」もそうだったりします。誰もが昔ながらの伝統的な文化として疑わないであろうおせちですが、現代のおせちのスタイルは、戦後の復興期に生まれ定着したものなのだとか。

せっかくですので、このブルガリアの節に続くメキシコのタコスの話からも、おそらくほとんどの日本人が知らない、意外な事実を一つご紹介しておきましょう。

タコスといえば代表的なメキシコ料理、というところまでは誰もが知っているのではないでしょうか。そして食べ物に少し詳しい方は、日本人のイメージの中心にあるタコスは純粋なメキシコ料理ではない、ということもご存じかもしれません。それはメキシコ料理がアメリカでアメリカ人向けにアレンジされたテクス・メクスと呼ばれる料理です。もっと詳しい方は、メキシコでは中に包まれるものはスパイシーな挽肉《ひきにく》（いわゆるタコ・ミート）ではないし、レタスなどの生野菜がぎゅうぎゅうに入るようなこともなく、皮は小麦粉ではなくコーンで作られた黄色いトルティーヤである、ということもご存じでしょう。

僕もそこまでの知識ならありました。しかし本書では、意外な事実が明かされます。この黄色いトルティーヤは、決して伝統的なものではなく、本来は白かったというのです。しかし今は黄色いほうが多くなってしまい、人々はある意味仕方なくそれを受け入れているのだとか。なぜ本来のトルティーヤは白かったのか、なぜ今は不本意なものを受け入れざるを得ないのか。その謎は本書でぜひお確かめください。当然、そこにも社会や政治経済の話が絡んできます。

余談ですが僕はこれを読んで、不謹慎ながら少しホッとしました。なぜなら僕は、黄色いコーントルティーヤが昔からちょっと苦手だったからです。しかし本書を読む前の知識において、それは「本物」でした。本物のおいしさが理解できないのはちょっと恥ずかしいぞ、というちっぽけなプライドで、僕はそれが苦手であることを誰にも言えず胸の内に秘めてきました。

伝統的な白いトルティーヤは、原材料からの推定で、味はなんとなく想像できます。食感も風味もおそらくですが僕好みです。だから僕は、メキシコの人々がこの伝統食品を取り戻し、そして改めてそれが世界に発信されることを願います。しかし、もちろん簡単なことではありません。なぜなら、それは社会の問題だからです。

SNSで繋がっているパキスタン在住の方がいます。かの地では日本で言うところの青菜を、重曹を加えた水で一時間かけて茹でるそうです。そこまでしなければならないのは大変そうだけど、きっと野生的で味の濃い、おいしい青菜なのだろうと想像します。人によっては、パキスタンは日本のように野菜の品種改良が進んでいないんだな、と解釈するかもしれません。料理に詳しい人は、パキスタンやインドあたりでは野菜をとにかくクタクタに加熱する料理が多い、ということを思い出すでしょう。

この場合、これら全ての感想は「日本が基準」になっています。日本は普通でパキスタンは珍しい事例、と無意識のうちに決めつけている。しかし本書によると、世界全体ではそれこそ「野菜を一時間かけて茹でる」ほうがむしろ普通で、特殊なのは日本のほうだということがわかります。

本書では、世界中の食のタブーに関しても多くが語られています。日本では食のタブーがほぼありませんから、やはり日本人はタブーがあることのほうを特殊と捉えがちです。しかし、例えば食べるものがハラルフードに限られているイスラム教徒は世界人口の四分の一を占めており、実はむしろマジョリティです。

世界各地に菜食主義の文化がありますが、これも日本人にとってはおおよそ他人事。それもあってか、日本におけるヴィーガンの評判は決して芳しいものではありません。分断どころか対立構造さえあるように見えます。双方に様々な原因はあると思いますが、根本にあるものは「普通である自分たち」と「普通ではないヴィーガン」という意識がもたらす無理解なのではないかと思っています。

しかし本書でレポートされる世界各地の食のタブーは、実は場合によっては曖昧でもあり、また菜食と非菜食の境界線も案外ゆるいものであるようです。ユダヤ教のコーシャはハラルより更に複雑で、食材ごとの禁忌だけではなく食べ合わせのタブーなどもあるのですが、最近では若い世代を中心にさほどそれに囚われない人々も出てきており、厳格なユダヤ教徒たちとも普通に共存しているそうです。またベトナムの菜食寺院では、施《ほどこ》しものに限っては肉や魚も許されるという、融通の利いたルールもあります。東アジア圏で特に盛んな、植物性原料のみで肉や魚介を模した「もどき料理」は、非菜食者でも時には気軽に菜食に挑戦できるようにするためのものでもあると言います。

食のタブーが決して特殊な文化と見做されないからこそ、折り合いの付け方もまた柔軟かつ巧みである、ということになるのでしょう。日本人はもしかしたら、食における多様性の受け入れ方が少し不器用すぎるのかもしれません。

池波正太郎《しようたろう》『むかしの味』（新潮文庫、一九八八年）

※単行本（新潮社、一九八四年）

池波正太郎『むかしの味』の発刊は昭和五九年。今から四〇年ほど前ということになります。そして内容自体は、その著された時点から更に「むかしの」味を懐かしんで書かれたものです。

本に登場する食べ物はカツレツやカレーライスなどの洋食、蕎麦《そば》、鰻《うなぎ》、焼売《シユウマイ》、などなど。誰もがよく知っている食べ物ばかりです。しかし特徴的なのは、それらについて語る全てにおいて、基本的に「今より昔のほうが良かった」「昔の味をそのまま保っているのが良い店だ」というスタンスが貫かれていることです。

最近の寿司《すし》は分厚い種が魚の羊羹《ようかん》のようだ、現代の駅弁は凋落《ちようらく》ぶりが明らかだ、近ごろ流行のサンドイッチはままごと遊びのようだ……そう言い切って、池波氏は昔ながらの味を提供し続けている店ばかりを訪れます。
これだけ書くと「なんて嫌な本だろう」と思う人も、もしかしたら中にはいるかもしれません。いわばひたすら懐古趣味的な老人の繰《く》り言《ごと》。令和の今なら、「老害」という容赦ない言葉で揶揄されかねません。しかし（実際読んでいただくとなんとなくわかると思うのですが）この点において著者は「確信犯」です。ある種のヒールを演じることで、後世に何かを伝えたかったのだと思います。
そのことを如実に示す一節があります。

人も味も、時代が生むものだが、私なども若いころは、老人たちが何事につけ「むかしとは、くらべものにならない」という言葉に反撥《はんぱつ》をおぼえた。それがちかごろは若者たちから反撥をくらう年齢になり、そうなると、やはり「むかしとは、くらべものにならない」と、いいたくなってくる。

ここだけ読むと、こういう「昔は良かった」的な言い回しは昔から順送りされてきたただけのことである、という話なのかと思うでしょう？　自分は昔が良かったと思うけど、それはあくまで主観であり老人の習性のようなものにすぎないのだ、という結論であれば、それは誰もが納得するはず。しかし池波氏はそんな予定調和的な結論には安易に飛び付きません。この一節はこう続いて終わります。

だから、私が若いころの老人たちのむかしは、どのようによかったろうかと想う。

なんと、昔は良かった、だからそのまた昔はもっと良かったに違いない、という、ある種アクロバット的な結論が導かれるのです。この本は、あくまでそういう「信念」、言い換えれば「世界観」の下に書かれているのだ、という宣言でもあります。そうまでして池波氏が伝えたかったことは何なのか……。

僕がこの本を初めて読んだのはまだ二〇代の頃だったと思いますが、当時の僕はとにかくいつでも「新しい食べ物」に夢中でした。流行のレストラン、次々に日本に上陸する外国の食べ物、革新的な切り口の新日本料理、そういったものが常に憧れの対象だったのです。しかし、この本においては当時の「最新の本格的なフランス料理店」もやはり、うまいんだけどどの店もうまさが同じだね、と切って捨てられます。その代わりに著者は昔ながらの洋食屋で日本酒をやりながら帆立貝のコキールと薄いカツレツを堪能します。

このエピソードにも少しびっくりしました。僕としては「昔ながらの洋食屋」こそ、どこも同じようなメニューで同じような味を提供する店としか認識していなかったからです。この本は他にもそういう自分がすっかり知っているつもりになっていて、それが故につまらないものと決めつけていた食べ物が、かけがえのないものとして次々と賞賛されていました。

ところで先ほどから老人老人と繰り返し書いていますが、池波正太郎氏は初出の連載当時まだ五〇代。今の感覚だと老人呼ばわりは失礼ですが、思えば昭和はそういう時代でした。そして気が付けば、自分も当時の池波氏とほぼ同年代ということになります（なんてこった！）。幸いと言いますか性懲《しようこ》りもなくと言いますか、僕は少なくとも今のところは

「何もかも昔が良かった」と言える境地には達することなく、新しいものにもホイホイ釣られてしまっていたりします。

しかし同時に、池波氏が本書で書き残してくれたような、昔ながらの店も積極的に訪れます。時が止まったような洋食屋、蕎麦屋、寿司屋……そういったお店の楽しみ方を教えてくれたのも、間違いなくこの本でした。そしてそのことを通じて、「昔は良かった」という気持ちが、自分の中にも一部芽生えつつあるのも確かです（困ったな……）。

お店だけではありません。今のように便利な時代ではなかったからこそ、食べ物を楽しむスタイルもまたなんとも味わい深かったりします。特に感銘を受けたものを二つほどご紹介しましょう。


冬の最中《さなか》に京都ホテルへ泊っているときなど、前もって注文しておいた〈好事福盧《こうずぶくろ》〉を窓の外へ出しておく。

そして、用事なり、芝居の稽古《けいこ》なりをすませ、酒をたっぷりのんでから、夜更《よふ》けにホテルへ帰り、窓の外から〈好事福盧〉を引き取って食べるのが何よりのたのしみだった。

夕食には、鯉《こい》のあらいなどが出て、その中にポークカツレツが一皿ついた。

〈中略〉

これを、私も井上も半分残しておき、ソースをたっぷりかけ、女中に、

「これは、朝になって食べるから、此処《ここ》へ置いといてくれ」

と、いっておく。

〔好事福盧〕は、京都・村上開進堂の、大きな紀州みかんを丸ごと使ったゼリーです。これ自体はもちろんなかなか稀少なものですが、夜中にちょっと気の利いたさっぱりしたデザートが欲しければ、今はコンビニで最初からしっかり冷えたものが簡単に手に入ります。でもそれは、どんなにおいしくても、前もって周到に用意された味わいとは全く異なるでしょう。

揚げ物だって、今はコンビニなどでも熱々のものが簡単に手に入ります。一方、池波氏

と親友の井上氏が前夜から残しておいた冬の朝のカツレツは「白い脂とソースが溶け合い、まるで煮凝《にこご》りのよう」と描写されます。それを、炬燵《こたつ》にもぐり込んで熱い飯へかけて食べるのです。さて、どちらがおいしそうだと思いますか？

この本が書かれた時代は、日本が貪欲に新しい文化を取り入れる時代でした。食の世界においても、この少し後に空前のグルメブームが到来し、人々は次々に登場する目新しい食べ物に片っ端から飛び付いていきます。そんな大きな流れの中で池波氏は、ややもすると失われかねない「むかしの味」を身を挺《てい》して守ろうとしたのではないか、そんな気がします。逆に言えば、前進する日本に盤石の信頼を置いていた、だからこそ心置きなく頑迷な老人というヒールを演じ切れたのではないかと思うのです。

しかし、今はそういう時代ではありません。確かに若者の間では時折、新しい食のブームが現れているように見えなくもありません。といってもそれらはパンケーキにせよタピオカにせよ、食べる前から味の予想が付く定番の焼き直しばかりに見えます。あまり大きな話題にはなりませんが、世間の片隅で野心的な売り手によってもたらされる新しく本格的な食べ物に反応しているのは、むしろ四〇代以降の、しかも限られた層だけという実感もあります。それが若者世代をも巻き込んで大きな潮流になることは、そうそうなさそうです。

池波正太郎氏がもしまだ存命で、今の時代に再び「むかしの味」に関して記すことがあったなら、決してあのように殊更《ことさら》古いものだけを礼賛することはしなかったのではないだろうか。そう僕は想像します。

僕がかつて『むかしの味』を読んだ時、そこに違和感も反感も覚えることなく、ただただそれまで自分の知らなかった価値観や美意識を、

(面白い……)

と、素直に楽しむことができたのは、そこに一貫して流れるダンディズム故でした。

(どうせいつか歳をとるならこんな爺《じい》になりたい……)

という憧れだったと言い換えてもいいかもしれません。

僕は昨今の日本の潮流に従って、少なくともあと二、三〇年は老人になることを拒絶し

て生きていきたいと思っていますが、もし晴れてその日が来たならば、かつての池波翁のようにひたすら新しいものを拒絶して古いものを称賛する頑迷なジジイとしての余生を過ごしたいものだと密かに思っています。願わくばその時までに、それをやっても様になるくらいのダンディズムは身に付けておきたいものですが……。

しかしいずれにせよそのためには、世の中がまた再び、新しい文化を貪欲に取り入れつつ遮二無二《しやにむに》で前進する状況になっていてくれないと困るのです。それがいつか叶《かな》うことを、願ってやみません。

鯖田豊之《さばたとよゆき》『肉食の思想　ヨーロッパ精神の再発見』（中公新書、一九六六年）

「フランス料理はお好きですか？」

そんなふうに聞かれたら、案外多くの人はこう答えるのではないでしょうか。

「好きも嫌いも、そもそも普段あんまり食べる機会がないからわからない」

フランス料理は世界中で有名な料理で、しかも「特別おいしい料理」として認められています。もちろん、それは日本においても例外ではありません。しかし誰もが知る料理でありながら、日本人は案外それを食べません。

昔は確かにフランス料理というものは、他に比べて数段高価な贅沢料理でした。その時代であれば、フランス料理の存在は知っていても結婚披露宴ぐらいでしか食べたことがない人がほとんどでも、さして不思議ではありません。しかし今の日本のフランス料理は、ビストロと言われるごく庶民的な「食堂」スタイルのお店が増えたこともあり、決してバカ高い料理ではなくなりました。食堂といってもいわゆる定食屋ほど安いわけではもちろんありませんが、焼肉や寿司とならそうは変わりません。また同じような価格帯と雰囲気でもイタリアンレストランなら、「よく行く」「大好き」と言う人もずいぶん多いのではないでしょうか。

僕自身は、フランス料理は（日本人にしては）頻繁に食べるほうだと思います。ただし、行く時はある種の覚悟、というか踏ん切りも必要です。前述したように、それは金額の問題ではありません。問題となるのは「肉」です。

フランス料理もいろいろではありますが、本場そのままかつクラシックなものになるほど、それは「肉」の世界です。最も代表的な前菜は、各種の肉や内臓、脂身を焼き固めたパテやテリーヌ。メインも原則は肉であり、塊肉を絶妙な加減に焼いたものこそがフランス料理の主役です。そこにおいて野菜類はあくまで「付け合わせ」であり、パンは「添え物」です。迂闊にパンをバクバク食べてしまったら、メインの肉は胃に入らなくなってしまうので、手を付けるのはなるべく最小限にする必要もあります。

だからそういう店には、肉をガツガツ食らってワインでガブガブ流し込むようなことが好きな、少し日本人離れした愛好家たちが集うことになります。僕は時々、「よし、今日は肉の日だ」と気合いを入れた上で、そこに参加するということになります。

日本人が好きなイタリアンは、実はヨーロッパの中では少し特殊です。総摂取カロリーに占める炭水化物の割合が、ヨーロッパの中では格段に高いんですね。パスタの消費量がズバ抜けているからでしょう。そんなイタリア料理でも、正式にはメインはあくまで肉であり、パスタはその前の「腹ふさぎ」なのですが、日本人はよく肉料理はスルーして、パスタやピッツァをメインのように食べます。

本書では、そんなあくまで肉が中心となるヨーロッパの食文化と比較して、日本人の肉食は「ままごとのようなもの」と評されます。この本自体は読んだことがなくても、もしかしたらこの表現はなんとなく目にしたことがある方もいるかもしれません。本書の刊行は一九六六年ですが、それ以来、この言い回しはいくつもの食エッセイなどで引用されているはずです。

書かれた時代はもう約六〇年前になり、日本の社会もずいぶん変わっているはずですが、日本人の肉食に対する「思想」自体はそう大きく変わっていないと僕は感じます。確かに当時よりホルモンなどの副生物はかなり浸透しましたし、羊肉やジビエなども一部では普及しました。しかし基本は、薄く、小さくカットされた柔らかく食べやすい部位を（ヨーロッパ的感覚からすると）ごく少量食べるだけなのが日本です。

本書では、食べる部位や量以上に、主食の位置付けの違いが「肉食の思想」の違いを生んだということが指摘されています。日本人にとっての肉は、どこまでいっても、米という主食に対する副食物。そう言われると、日本では食の洋風化が進んでいると言われて久しいですが、その走りとも言えるとんかつやハンバーグなどはあくまでご飯のおかずですね。現代は肉料理のバリエーション自体は昔よりずいぶん増えていますが、やっぱりどれも基本的にはご飯のおかず。ローストビーフすら「丼」にしてしまうのが現代の日本人です。

そして日本人はついつい、ヨーロッパにおいて我々にとっての米に代わるものがパンだと思いがちですが、それは大きな間違いだと本書は説きます。ヨーロッパには「主食」にあたる概念はなく、肉だけでは足らない栄養を穀類・芋類などでなんとか埋めることで、命を繋いできました。麦は重要な農作物ではありましたが、近代以前のヨーロッパの穀物生産力は日本の米と比べるといちじるしく低く、とてもそれを中心に人口をまかなえるものではなかったのです。

こうやって生まれた食文化における肉食の重要度の差異は、何をもって残酷とするかという思想の差も生んだ、という考察が本書の白眉だと思います。簡単に言うと、ヨーロッパでは屠畜《とちく》をさほど残酷なこととは見做しません。そして、それを正当化するのがキリスト教なのです。

キリスト教というのは言わずもがな、神中心の思想です。そして、人間は神に似せてつくられた特別な存在。牛も豚も最初から「人間の食べ物として」神が創造した、という教えは、肉食を完全に正当化します。仏教思想では輪廻《りんね》転生で人間は動物に生まれかわる可能性もある、いわば連続性のある存在ですが、キリスト教思想では人間と動物の間は断絶しているという大きな違いがあるのです。

本書ではこの断絶こそが、十字軍や奴隷貿易などにおける非キリスト教徒や有色人種に対する残酷さを生んだのではないかという、いささか過激な論も展開されます。これをどう考えるかは、読者諸氏に委ねたいところです。

いずれにせよ「残酷さ」は、肉食という文化を考える時に、極めて重要なキーワードであることは間違いないと思います。誤解なきよう、本書でもはっきりと書かれていますが、それはヨーロッパ人が残酷で日本人は他者への慈愛に満ちた民族である、というような単純な話ではないということは強調しておかねばなりません。

本書では、日本人がフランスで食卓に並ぶ豚の頭や仔牛《こうし》の顔の皮を見て残酷だと言い、フランス人は日本人が小鳥を食べるという話を残酷だと評する、というすれ違いのエピソードも語られています。残酷さとはあくまで相対的な概念なのです。

しかし、これはあくまで僕個人の感覚ではありますが、人は誰しも生き物の命を奪うことに対して何らかの抵抗感を持つものなのではないかという気もします。好きで殺生《せっしょう》するわけではない。日本人は、動物はともかく、魚の命を奪うことに対してはある程度寛大という印象がありますが、僕自身は正直なところ「活《い》け造り」が苦手です。その名も「残酷焼き」という、活きたままの海老や鮑《あわび》を焼く料理がありますが、これは更に苦手です。別に僕が優しく繊細だなんて言うつもりは全くありません。それはあくまでパーソナルな感情であり、小心さです。

普通なら、哺乳類→鳥類→魚類、と人間から生物学的に離れるに従って抵抗感は薄くなるはずですが、「人間以外は全部一緒だから気にするな!」という赦《ゆる》しを与えてくれたのがキリスト教ということなのでしょう。そういう特別な思想に守られてでもいない限り、命はできることなら奪いたくない。少なくともその現場は目にしたくないし、自分が手を下すことは避けたい。それは、ごく自然な感情なのではないかと思います。

だからこそ、植物性のものだけで食べるものをまかなえる恵まれた状況にある人は、ついついそのことで自分は優れて高潔な人間であるかのような自意識を持ってしまいがちなのかもしれません。それが端的に(あまり良くないかたちで)現れたのが、インドのカースト制なのではないかと思います。本書では、そんなカースト制にも触れられています。

本書では、ヨーロッパ的な動物愛護についても触れられています。それはまさに現代のヴィーガニズムにも通じるものがあります。ただし時代的にまだ、ヴィーガンそのものについては触れられていません。旧来のキリスト教が人間と動物を明確に区別したように、ヴィーガニズムでは動物と植物の間をはっきりと区切ります。良くも悪くも人間中心的な恣意性という意味で、両者はよく似ていると僕は思っています。著者が今、現代のヴィーガニズムについて語るなら、それはどのようなものになるだろうという個人的興味があります。

久部緑郎《くべろくろう》／河合 単《たん》『ラーメン発見伝 1』（小学館、二〇〇〇年）
久部緑郎／河合 単『らーめん再遊記 1』（小学館、二〇二〇年）

飲食店の世界には、常に本音と建前があります。そう言うとそれは、お客さんを欺《あざむ》くかの如き不誠実にも思われるかもしれませんが、実はそんな単純な話でもありません。なぜならば飲食店には、お客さんに単に食べ物だけではなく、夢、ロマン、情緒——そういったものを与える使命もあるからです。

例えば、手に入りやすく高価すぎない食材の限られた選択肢の中からとりあえずのベストを選択した場合でも、店側は「最高の食材を使用しています」と言い切ります。この店のお客さんにはこういう味付けが好まれるだろう、という冷静な計算で料理を作っていたとしても「自分が本当においしいと思う料理だけを提供しています」と宣言します。これは不誠実などではなく、むしろお客さんに対する礼儀です。

こういったことは本来であれば「言わぬが花」です。しかし特に現代においては、そういった飲食店から見える風景とお客さん側から見える風景の違いが、お互いに齟齬や誤解を生み、双方にとってあまりよろしくない状況を生み出すこともしばしばです。なので僕は時々、お互いの誤解の溝を埋めるために（ひいては遠回しに自分たちの店の評判を守るために）、「飲食店の本音」の部分をあえてわかりやすく、一般の方たち向けに説明を試みることがあります。飲食店の人々はこうこういうふうに考えて、あくまでよかれと思って（あるいは時に仕方なく）そうしているんですよ、みたいな話です。

そういった話は、連載エッセイであってもSNSでの個人的な発信であっても、時々「バズリ」ます。みんな好きねえ、そういうの。そんな時、まとめサイトのコメント欄には、必ずこういう感想が一定数現れます。

「それ芹沢《せりざわ》サンも言ってたな」

「これってラーメンハゲのあれだな」

芹沢サン、とあたかも実在の人物のように呼ばれ、信頼を集めるその人は、人気漫画

『ラーメン発見伝』シリーズの登場人物で、ラーメンハゲ、という身も蓋もない愛称でも親しまれています。ラーメン職人でありラーメン店のコンサルタントでもある彼は、料理人であると同時に経営のプロであり、作中ではまさに飲食店の本音と建前のジレンマをわかりやすく解説してくれます。ビジネスとしての規模や成果の違いはともかく、立場としては僕と似ているとも言えます。

しかし何にせよ、僕が飲食店の（世の中ではあまり知られていなそうな）実情に関して、何を書いても何を書いても、「それ芹沢サン（ラーメンハゲ）も言ってたな」と言われてしまうのです。わかります？　この焦燥。僕が発信することなんて、既にことごとくこのマンガで言及されていることばかりなのでは？　という不安。

しかしそんなことを気にしすぎていたら、僕は何も書けなくなってしまいかねません。なので、僕は芹沢サンとはよく似た世界を見ているかもしれないけれどあくまで別人格であり、同じようなテーマについて書いていたとしても、自然と何らかの独自性は出るに違いない……そう信じて今までやってきました。

ここまで長々と書いてきたことは何か、というと、これこそが僕がずっとこのマンガをあえて読まなかった理由です。自分と考えが似ていれば似ているほど僕のアイデンティティは失われますし、違いがあればあったで、もしかしたら自分は知らずしらず影響を受けてそっち寄りの考え方に転向するかもしれません。

しかし当然のことながら、本当は読みたかったのです。めちゃくちゃ読みたかった。ネットで垣間見《かいまみ》えるその断片の数々は、単純にエンタメ作品として抜群に面白そうでしたし、何よりそこには飲食業界に関する「我が意を得たり」がギッチリ詰まっているのは間違いないはずだったからです。

読みたい、いやしかし読むわけにはいかない、というジレンマは、僕にトンチキな行動を起こさせました。ネットカフェやサウナの休憩室など、雑多なマンガがズラリと並ぶような場所で、なんとなくこのマンガを探してしまうのです。「ここで偶然出会ってしまったのなら仕方がない、サワリだけでも読んでおくか」という流れに自然に持っていこうという、自分でもわけのわからない行動です。

幸か不幸か、そういった場所でこのマンガに偶然出会うことはありませんでした。しかしある日、さすがにここだったらあるだろう、と謎の期待を込めて訪問した大規模ネットカフェにもそれはなく、その時、安堵《あんど》より失望のほうが勝ってしまった結果、僕はついに、シリーズ第一作である『ラーメン発見伝』第一巻を購入する決心を固めました。

期待と不安が錯綜《さくそう》する中で読み進めた一冊は、正直なところ、少し拍子抜けするものでもありました。つまりホッとしました。エンタメ作品として面白いのは予想通りでしたが、それは飲食業における複雑なレイヤーの、ごく表層的な部分のみを取り扱ったものという印象だったからです。あえて過激に評するなら、まだまだ「綺麗事《きれいごと》」の世界。

ただし第一巻の最後のエピソードだけは、少しだけ様子が変わりました。ちなみにこの時点では芹沢サンは主人公ではなく、そのエピソードで初めてサブキャラとして登場します。そしてここで、今やネットミームとしても定番になった（そして僕の記事に対するコメントでもダントツで頻繁に引用された）、

「ヤツらはラーメンを食ってるんじゃない。情報を食ってるんだ！」

という名ゼリフが登場します。職人としての芹沢サン渾身《こんしん》のあっさりした鮎《あゆ》ラーメンが

一般層にはあまり受けなかったため、経営的判断で仕方なく濃厚バージョンを売り出してようやくヒット、ただし、鮎の繊細な風味はかき消えてしまうそれに対しても「鮎がベースという情報」だけは残してアピールし続けた、というエピソードの中の一言です。

なるほど、ここまでのエピソードは助走にすぎなかったのかもなと思わせる、少し踏み込んだ内容で、ここからこの作品の本編が始まるのだろうという期待を抱かせてくれる内容でした。そして僕はここで悩み始めました。このまま第二巻、第三巻と読み進めるべきか。それともオノレのアイデンティティを守り続けるために、もうこれだけにしておくべきか。

悩みすぎて、結局またおかしな行動に出ました。続きをとりあえずすっ飛ばして、続編である『らーめん再遊記』第一巻だけを購入したのです。それは大正解であり、大失敗でもありました……。

大正解、というのは、それが前作の第一巻とは比較にならないレベルで面白かったからです。前作は（少なくとも第一巻に関しては）、僕はあくまで客観的に読み進めることができました。飲食業の内情的なことには少し触れられているけどエンタメ作品としてはこんなもんだよね、であったり、この程度の誰でも知ってるくらいの蘊蓄がちょうどいいんだろうな、みたいな、いやらしい「上から目線」です。芹沢サン登場の最終エピソードも、多少踏み込んではいるけど、実際に飲食業に携わっている人間から見たら「あるあるネタ」の範疇《はんちゅう》でしかないな、というのが正直なところでした。

しかし、「再遊記」のほうは全く違いました。いつの間にやら主人公に昇格していた芹沢サンをはじめとする登場人物たちの一言一言が、同じ飲食を生業とする人間として身に沁《し》みました。それはまさに同じ目線、同じ問題意識、同じ焦燥だったのです。蘊蓄、というか業界動向の分析に関しては、存分に知的好奇心がかき立てられました。

大失敗というのは、そこには案の定、僕がいつか書きたいとうっすら思っていたことが鮮やかに描かれていたことです。それは意外なことに、飲食業の内情にまつわる云々《うんぬん》ではなく、地の人間ドラマ部分でした。芹沢サンが覇気も向上心も失いかけた状態から、新しい物語は始まります。場末の町中華のたいしておいしくもないラーメンだけが、疲れ切った彼に安寧を与えます。これは、僕がネガティブモードに陥っている時の行動とあまりにもそっくりです（そしてこのモードに陥ることは、実はかなり頻繁にあります）。

芹沢サンは周囲の人々のおかげで、そして新世代のライバルに対する対抗心を燃やすことで、なんとかその状況を脱します。そして最後には、自分は裏方に回って、ラーメンの開発というクリエーションは才能溢れる若い世代に道を譲ることが示唆されます（本当にそうなったら物語が続かない気もしますが……）。

こんなに身につまされる、少なくとも僕にとってリアルな話があるでしょうか。とんでもないパンドラの匣《はこ》を開けてしまいました。このまま続きを読み進めるべきか、いったん最初に戻って、ここに至る道程を確認すべきか。……いや、僕はどちらも読まないことに決めました。これ以上、この作品に影響を受けたり、心を揺さぶられたりするわけにはいかないのです。

辺見 庸《よう》『もの食う人びと』（角川文庫、一九九七年）

※単行本（共同通信社、一九九四年）

二〇代の頃、僕はグルメでした。いや、それは少し自分を良く言いすぎかもしれません。正確に言うと、グルメに憧れるグルメ・ワナビィの青二才でした。しかし青二才は青二才なりに、自分にはグルメの素養があると信じていました。いやこれも正確に言うと、そう信じていないと自我が保てなかっただけかもしれません。まだ何者でもなく、人生の先の見通しなど全く立たず、そんなあやふやな自意識に縋《すが》るしかなかったのでしょう。

『美味しんぼ』に書いてあることは全て真実だと信じ込んでいました。『料理の鉄人』は毎週食い入るように観《み》ていました。グルメ雑誌も毎月欠かさず読み、都会の「グルメな店」に憧れを募らせました。

だから、世の中の食べ物には「ホンモノ」と「ニセモノ」がある、というのは、疑う余地すらない大前提でした。更にそこには細かく直線的な序列があり、優れた食べ物とそうでない食べ物には、微妙な差ではあっても絶対的な勝ち負けがあると無邪気に信じていました。ニセモノの山からホンモノを見極め、更にその中の細かな序列をはっきり判別できる人間こそがグルメだと思っていました。逆に、その判別ができない、ニセモノで満足している人々はグルメとは縁のない人々で、少なくとも自分がそちら側であることは、認めるわけにはいきませんでした。

それなのにグルメ・ワナビィのままでなかなかグルメになれなかったのは、一つには単純に経験不足です。世の中には自分の知らないことが多すぎました。世の中のあらゆる美味を知り尽くしたかのような真のグルメたちが滔々《とうとう》と語る言葉は、自分の実体験とは重ならない部分がほとんどでした。

もう一つは、単純にお金がなかったからです。グルメが推奨する一流店も、料理の鉄人たちが現実に営む店も、僕にとっては常識の桁が一つ違いました。一人二万円、三万円、それ以上、みたいな金額は、確かに一回こっきり無理すればお金そのものはなんとか捻出できたのかもしれませんが、お前はまだここに来る資格はない、という慇懃《いんぎん》なバリケードにも思えたのです。そんな不慣れな場所に行って恥をかくわけにはいかない、という小心さとちっぽけなプライドも、その世界からいったん目を背けさせる理由としては十分でした。二万円の店に行けない僕は、七、八千円の店で大きな顔をして、そして三、四千円の店で満足する人々を、たぶん見下していました。

ただ幸いなことに『美味しんぼ』は、高級なものばかりがグルメな食べ物ではない、ということもちゃんと示唆してくれていました。お金のない僕にとってそれは救済でもありましたが、その世界においては、「ホンモノ／ニセモノ」の区分が一層厳格でした。それは厳格であると同時に幾分単純でもあり、「化学調味料」が使用されているかどうかが、概ね、区分の根拠でもありました。

グルメへの憧れを拗《こじ》らせた結果、途中からプロの料理人に転身し店を一軒任されるようになっていた僕は、そこで「無化調」の料理を提供し続け、そのことだけで周りの他の店より立派なことをしている気になって悦に入っていました。

書いていてだんだん、いたたまれない気持ちになってきました。頭を抱えて、ワーッと叫びながら走り出したい気分です。人に黒歴史あり、とはいえ、これはさすがに……。

しかしともあれ、このハシカのようなグルメ・ワナビィ期は、その後徐々に沈静化していきました。その過程で僕の頭を冷やしてくれたものや出来事には様々なものがありましたが、この本との出会いは、その中でも最も重要なものの一つだったように思います。

この本は、世界の決して豊かではない様々な地域に赴き、そこにおける人々のリアルな食の有り様を綴ったルポルタージュです。紛争地帯であるソマリア、放射能で汚染されたチェルノブイリ、貧しい人々が残飯を漁るダッカ、残留日本兵によるカニバリズムが語り伝えられるミンダナオ島……。そこで描かれる食の大半は、生き延びるためのギリギリの食です。何をどのように食べるか、というよりむしろ、いかに食べられないかが語られ続けます。

壮絶なエピソードの数々から、教訓は簡単に得ることができます。飽食の日本で我々は、生きるための食、という本質をすっかり見失っているのではないか。恵まれた境遇を意識することもなく、世界の苦しみからも目を背け続けているだけなのではないか。ましてやグルメ趣味などというものは、不健全な道楽であり、むしろ富の偏在を助長する悪徳でしかないのではないか。

だからといってもちろん、我々が幸運にも与えられた環境の中での美食を諦める必要はないでしょう。そんなことで解決するほど、世界は単純でもありません。そして本書から受け止めるべきは、教訓や戒めだけではなく希望だと思います。困難な状況下にあっても、人々は少しでもおいしいものを食べようとする、その姿も様々に描かれています。


一九九一年のピナトゥボ大噴火で、伝統的な焼畑農業を捨てて下界の街に下りて来ざるを得なくなったフィリピン先住民アエタ族の人々は、初めて出会った「ネスカフェ」の虜《とりこ》になります。イワシのトマト煮缶には、最初のうちはなかなか馴染めませんでしたが、いつしかそれも受け入れました。しかし、山での生活を懐かしんで、こうも言うのです。


「でもねえ、このイモだって……」

再定住地の庭でとれたキャッサバを私にすすめながら、彼はつぶやくのだ。

「山に植えたやつのほうがよほど大きくてうまいですよ。アバウ（コガネムシの一種）もカエルも、うまかったですよ！」

〈中略〉

ディソンの目が細くなったと思ったら、山の珍味について静かに静かに話しはじめた。「嘘《うそ》のない味」それが、やはりいいと言うのだ。

「嘘のない味」という表現が、どこか日本のグルメ諸氏がこだわる「ホンモノ」という言葉に重なるようです。いやむしろ、山の民にとってのそれのほうが、更に判定がシビアそうでもあります。

「最近よく食べものの夢を見るのですよ」と語るその内容は、竹筒で調理するご飯やヘビ。アモカウという花の蕾《つぼみ》。きのこ……。著者は、「なんとすてきなメニュー、豪華な自然レストランだろう」と感嘆します。

また別の話。乱獲によって絶滅に瀕しており、捕獲が禁止されているジュゴンを、マニラ沖の小さな島の漁師は今でも獲《と》り続けています。他に食べる肉がないからではなく、うまいから罰金を払ってでも食いたいくらいだ、と嘯《うそぶ》きます。

「ありゃあ、なにしろうまいものだから、すぐ食っちまう。皮から内臓まで全身がみんなうまいんだ」
「羊よりイルカ、イルカより豚、普通の豚より野豚、野豚より牛、牛よりデュヨン（タガログ語でジュゴン）がうまい」
「ほんのわずかに、乳の……そう、人の母乳のにおいがするかな」

なんとも雄弁です。肉のおいしさのはっきりとした「優劣」について語るその言葉だけを見ても、都会のグルメと何も変わりません。

もちろんこんな牧歌的（？）な話ばかりではありません。ユーゴ軍の侵攻で破壊され尽くしたクロアチアの廃墟《はいきょ》の村で一人暮らす女性は、かつて砲撃によって目の前で夫を亡くしました。それ以来何を食べても味がしないと言い、もう死にたいと嘆きながら、仕方なくビスケットだけを齧ります。

「もっとなにか食べたほうがいいな」と忠告する著者をもてなすつもりもあったのか、三年前の小麦粉を取り出してきてめんを打つのですが、結局「食欲がない」と食べません。涙をポタポタこぼしながらも、作り方のコツをひとりごちながらめんを打つ姿が、あまりに悲しい。それはきっと手慣れた所作だったことでしょう。かつては夫のため、家族のため、そして自分のために腕を振るったに違いありません。

ソマリアで出会った「十四歳だが三十以上に見えた」枯れ枝のような少女は、栄養失調と結核のために、もう食べられないまま静かに死を待つばかり。

最近日本のグルメの間でもずいぶん評判のいい南アジア料理のビリヤニは、本書ではビラニという表記で登場します。ただしそれは残飯であり、腐敗しかけています。腐敗が進むほどそれは安くなり、腐敗臭を誤魔化すが如く、香の焚《た》かれた店で販売されています。

安易な教訓を導き出すことが、いかに不毛かがおわかりいただけたのではないかと思います。それは登場人物たちにとっても、著者にとっても失礼な話でしょう。本書では、哀しさと希望、そして時に羨ましさまでが、モザイクのように入り組んでいます。

新保《しんぼ》信長『食堂生まれ、外食育ち』

（ＫＫベストセラーズ、二〇二四年）

今となってはすっかり反省しているのですが、大学生時代、僕はほとんど勉強というものをしませんでした。ただし当時はそのことに罪悪感を持ったり、引け目を感じたりということはありませんでした。むしろそれが問題では？　という話でもありますが、それはいったんおいておきます。

当時の僕の日々は、「バンド活動」と、「飲食店のアルバイト」と、本、マンガ、ゲーム、映画などの「サブカル的エンタメ消費」――この三つに忙殺されていました。僕は僕なりにそのそれぞれに真剣だったので、良くも悪くも無為の日々を送っている感覚はありませんでした。ただしそれが、世間の良識に照らし合わせると怠惰な日々としか言いようがないものである、という自覚はさすがにありました。

僕だけではなく、周りの友人たちもだいたいそんな感じでした。単に「類は友を呼ぶ」というだけのことだったのかもしれませんが、僕は僕なりに、その状況を憂慮していました。

「我々のような堕落した世代が今後社会を支える立場になったら、日本は没落していくしかないのではないか?」

実際その通りになってしまったのにはびっくりしました。予言的中! とか言ってる場合ではありません。冒頭に「反省」と書いたのには、そんな理由もあります。

しかしそんな日々も、いつかは終わりが来ます。卒業が迫るに従い、僕はひたすら憂鬱になりました。「就職」というものをせねばならない。「社会」に出ていかねばならない。それは恐怖でした。ほぼほぼ世間体のためだけに就職活動は始めたものの、僕は現実逃避にも余念がありませんでした。音楽で食っていけねえかなあ、とか、小説家ってものになれねえかなあ、といった、妄想を繰り広げる日々でしたが、そこに具体的なプランなどあろうはずもなく、よって実現可能性は皆無でした。

そんな現実逃避の中に、こんな妄想もありました。

「ああ、実家が食堂かなんかだったら、就職なんかしないで家業を継ぐのになあ」

予《あらかじ》めお断りしておきますが、飲食店を継ぐというのは、なまなかな苦労ではありません。むしろ修羅の道です。今の僕は当然そのことをよく知っていますが、当時だってそんなことくらいはある程度わかっていたつもりです。でも、それだったら社会的に見れば怠惰な自分でも頑張れるかも、という謎の自信がありました。その日の就活を終えて学生街の安食堂でひとり飯を食うたびに、俺がここんちの息子だったらなあ、という妄想は、とどまるところを知りませんでした。


本書の著者である新保信長さんを初めて知ったのは、西原理恵子さんのマンガに「変わり者の担当編集者」というキャラクターとして登場していたことがきっかけでした。作品中で散々コミカルな役割を与えられていた氏が、敏腕編集者にして漫画評論家であることを知ったのは、そのもう少し後になります。そして本書を読み、氏が「食堂の息子」であったことを初めて知りました。

新保さんの生家は大阪・堂島の大衆食堂で、そこでの幼少期の思い出を起点に、半生にわたる様々な外食の思い出が綴られるのがこの本です。ちなみにこの堂島という地は、奇《く》しくも、僕が腹を括《くく》って就職した会社の所在地でもあります。残念ながら当時、その食堂の存在は知りませんでした。あまりに激シブであり、青二才の新入社員が紛れ込むような店ではなかったようです。

自営業の家庭に生まれた子供が大人になってから、「普通の家庭が羨ましかった」と述懐する話はよく聞きます。一方で僕は、老舗飲食店の二代目、三代目が子供時代に見た当時の店の様子をいかにも楽しそうに語る様子も、これまで何度も見てきました。このあたりがひとつ、家業を継ぐことになるかどうかの分かれ目なのかもしれません。

新保さんはもちろん家業を「継がなかった」ほうですが、子供時代の記憶は基本的にただ淡々と、そして時にいかにも楽しげに語られます。恨《うら》み言らしきものは、住居も兼ねていた店のトイレがお昼どきの一時間は混み合って使えなかった、という些細《ささい》な（?）話くらいです。それはまさに僕がかつて散々妄想した「俺が食堂の息子だったらなあ」を、リアルな物語として当事者が語るのを読む、という体験でした。

おやつといえば、もうひとつ思い出すのが天ぷらだ。ウチの食堂は通し営業だったが、３時前後は客足も少ない。そんなとき、店をうろうろしていると調理場のおにいさんが天ぷらを揚げてくれることがあった。といっても、エビやイカのようなメイン食材ではなく、だいたいいつも海苔《のり》だった。〈中略〉

天ぷらがおやつに入るのかどうかわからないが、自分の記憶の中では最高のおやつだった。

揚げたての海苔の天ぷらがいかにもおいしそう、というのはもちろんですが、お店にいる大人の料理人にかまってもらえるというのは、まさに食堂の息子の特権でしょう。そしてここではさらっとさりげなく、海苔の天ぷらのディテールが語られます。衣は海苔の半分にだけ付けられ、揚げたての海苔の香ばしさと薄い衣のコンビネーションがたまらない、と。

そして新保さんは、チェーン店の天ぷらのラインナップに海苔がないことを嘆きます。

もし新保さんが店を継いでいたら、きっと息を吸うように自然に、可愛《かわい》がってくれた料理人のおにいさんのさりげなくも繊細な技術を再現し、それを天ぷら盛り合わせのエビやイカの脇にそっと添えていたことでしょう。……自分のことのように妄想が暴走してしまいます。なんたる甘美な妄想！

まるで昨日のことのように生き生きと語られるその食堂の姿は、実は約半世紀前のことです。これがまた僕のような大衆食堂好きにはたまりません。「序」には当時のメニューがそのまま掲載されています。僕はこの図版だけでもたっぷり一五分は楽しめました。知っているようで知らない、大阪大衆食堂の歴史的資料です。和定食を筆頭に、うどんそば、丼物、そして洋食と寿司まであります。

野菜煮出し定食って何だ？　かやくうどんとは？　三笠オムレツとは？　単にのり巻と書かれている寿司はいかなるもの？　様々な疑問が湧いてきますが、そのうちのいくつかは、本編で回収されていきます。これがまた楽しい。

例えばかやくうどんは、従業員同士の符牒《ふちょう》では「しっぽく」と呼ばれていたそうです。

なるほど京都でいうしっぽくうどんが、よりわかりやすい名称に変化したものなのでしょう。のり巻は東京なら干瓢《かんぴょう》だけを巻いたものですが、大阪でのそれはどうも太巻きを指しているようです。節分の丸かぶりの習慣は当時、既にあったことも語られています。

食堂にとって節分は、太巻きを売るチャンスでもありました。だから著者は、昔はそんな風習はなかったなどとしたり顔で言う人には「猛省を促したい」と、いつになく辛辣《しんらつ》です。ですが同時に、「関西人ならみんな食べていたはず」というのも認知の歪《ゆが》みだと言います。リアルな当事者からの指摘には、やはり重みがありますね。

第一章までの内容だけですっかり紙幅が尽きてしまいそうですが、その後の章では、新保さんが大人になってからの外食体験が綴られます。これがまためっぽう面白いのですが、そこでも僕は新保さんの「食堂生まれ」という出自を強く感じずにはいられませんでした。僕がなりたくてもなれなかった「食堂の息子」は、僕からしてみれば食のサラブレッドなのですが、そのサラブレッドぶりは外食の楽しみ方という面でも遺憾なく発揮されます。

ざっかけない昔ながらの飲食店で、店の片隅でそこんちの子供が宿題をしているような光景に時折出会うことがあります。そういう環境は子供本人にとってどうなのか、という議論はあるかもしれませんが、少なくとも僕は、その光景を見るととても幸せな気分になります。時折おばあちゃんであろう店の女将や従業員、時に常連客までもが、「かまって」あげると、子供はなんだか歳《とし》の割に大人びた口調でそれに応えます。

君に幸あれ、と願わずにはいられないのと同時に、いまだにそれを「羨ましいなあ」と微《かす》かに嫉妬している自分がいます。

柚木麻子《ゆずきあさこ》『あいにくあんたのためじゃない』（新潮社、二〇二四年）

食べ物の味について何かを語るということは、誰にでもできる簡単なことであると同時に、なかなか難儀なことでもあります。

世の中の食べ物はどれも概ねおいしいものであり、それを食べることは快楽です。快楽と感じることで、人類はこれまで命を繋いできました。あるものを食べて「おいしい！」と思わず声が出てしまうのが、味を語る第一歩です。あるいは不幸なことにたまたま、それが腐敗などの理由で閾値《いきち》を超える毒性を含んでいれば、「まずい！」と周囲に警鐘を鳴らす必要も出てきます。

しかし現代において味を語るというのは、そのように単純なものではなくなってしまいました。おいしいはずのものでも、そこに何らかの部分的な瑕疵《かし》があれば「まずい」ということになってしまいます。そして人類は文明の中で、その瑕疵を責め立てる概念を次々に発明してきました。食うや食わずの時代であればせいぜい、「辛い」「硬い」「苦い」「味が薄い」、といった程度のものだったでしょうが、そのうち、「深みがない」「バランスが悪い」「風味に欠ける」といった具合に、瑕疵を責め立てる概念はより抽象的になり、多様化もしていきました。果ては、「凡庸だ」「センスがない」など、あたかも芸術作品に対して向けられるような批評も、味を語る言葉の仲間入りを果たしました。

味を語る難儀さというのは、そういった指摘が全て主観に委ねられていることに他なりません。しかし原初においてはせいぜい毒性の有無と栄養の多寡くらいを判別できれば充分であった人間の味蕾《みらい》にとって、高度に抽象化された批評はあまりにも荷が重い。それを無理やりやってのけているのが現代人です。

自己承認欲求は現代人の業です。多くの人が、それなしにはもはや生きてはいけません。しかし、自己承認欲求を満たすためには何らかのリソースが必要です。美貌、収入、経歴、などなど。様々なリソースが考えられますが、食について語る見識もその一つになり得ます。しかも美貌や収入に比べれば、格段に参入障壁が低い。味蕾というプリミティブな器官は万人に備わっているからです。

参入障壁の低さは競争の激しさと表裏一体。例えば飲食店は誰にでも始められるものの、三年以内にその多くが廃業するという話があります。食を語るということは、どこかそれに似たものがあるような気がします。自己承認欲求の世界は（商売と同じく）ライバルを出し抜かねば成立しません。どうしても過激化が進み、そこには怪物が現れます。悲しきモンスターです。もちろん、食を語る世界も例外ではありません。瑕疵の指摘は微に入り細を穿ち、時には味とは直接関係のない周辺情報も強引に巻き込んでしまいます。

柚木麻子さんの短編集『あいにくあんたのためじゃない』に収められた「めんや　評論家おことわり」の主人公は、そんな悲しきモンスターである、一人のラーメン評論家です。先に一言おことわりしておきますが、食を語るという営み自体は、尊くそして価値のあることだと個人的に思っています。本来は主観として個人の記憶だけに留め置かれる、あるいはせいぜい日記に書き留められる程度であるはずの「おいしさ」を、情報として公のものとする。それは実際問題、多くの人々に求められているからこそ、レビューサイトもグルメ本も成立するのです。

ジャンルによっては、食を語ることが職業として成立するに至ることだってあり、その代表的な一つがラーメン評論家ということになるでしょう。好きなものに関して好きなように語ることがお金になるなんて、側《はた》から見ていると羨ましい仕事にも思えますが、同時に難儀この上ないような気もします。所詮《しょせん》個人の主観にすぎない「おいしさ」ということに、普遍的な説得力を持たせなければ成立しないからです。そのために経験を積み、知識を深め、求められる情報をエンターテインメント性たっぷりに提供し続けねばならない。難しい仕事だからこそ、成し遂げれば英雄です。

英雄は往々にして、別の角度から見ると悪鬼となってしまいます。織田信長もナポレオンもそうでした。本作の主人公もそうです。彼が世のニーズに応えるために、いやむしろ評論家としての自分の評判を維持するために、面白おかしく書き散らしたラーメン記事は、少なからぬ人々の人生を狂わせてしまいました。ラーメン店の店主、元従業員、たまたま居合わせたお客さんなど、主人公のせいでネットに渦巻く悪意の波に呑み込まれてしまった人々です。

彼らから見ると、主人公は悪鬼以外の何ものでもありません。彼らは運命に導かれるように一軒のラーメン店に集い、そして復讐《ふくしゅう》が始まります。あたかも『南総里見八犬伝』のように。

一族の興亡を賭した復讐譚である『南総里見八犬伝』に比べると、ラーメンおよびネット記事での炎上にまつわる恨みつらみで一人の人間にお灸《きゅう》を据える本作は、一見ごくちっぽけな瑣末《さまつ》事にも見えます。しかし昨今のネットでの炎上が巻き起こす様々な「事件」や、それに巻き込まれた人々の悲劇を目にしていると、とてもそれが「瑣末」だなんて言っていられないことも我々はよく知っています。

作者はそんな架空の炎上事件を次々と描き出し、読者はそのあまりのリアルさに、心を痛めながらも思わず吹き出してしまうことになるでしょう。そんな中で諸悪の根源は主人公のいきすぎた自己承認欲求にあることが徐々に明かされていくのですが、読者は彼が悪鬼であると同時に悲しきモンスターであることも知ることになります。主人公は過去の自分の様々な行いに対して、時に後悔しつつも、基本的には開き直ってそれを正当化します。

その身勝手な論旨や思慮の浅さはひたすらに滑稽であり、これまた極めてリアルです。確かにこういうタイプの人はいる。身近に存在するかどうかはともかく、ネットの中には多数生息しています。

我々は架空の炎上事件を笑いつつ、それを面白がるということはすなわち、自分自身の人格の中にもそんな悲しきモンスターが潜んでいるのではないかと、ふと不安にもなるのです。だから、我々は主人公を単なる愚者として断罪できない。どこかで彼に対する救済を願いつつ、読み進めることになるでしょう。

復讐譚の常として、復讐は首尾よく成し遂げられます。主人公の言葉をそのまま借りれば、

「お前ら全員暇かよ!!　なんで人生かけて、そこまでやるんだよ」

という、実に周到かつまわりくどいやり方で。そして主人公のこの問いかけは、読者にとってのミステリーでもあります。この復讐に、これだけの情熱とエネルギーを注ぎ込む

意味は本当にあったのか。そして主人公に救済はあるのか。それはぜひ本編でお確かめください。

ともあれ、ラーメンの佇《たたず》まいや味について詳細に語られる本作の描写はあまりにも見事です。作者は密かに実在のラーメン店を営んでいるのでは、と錯覚してしまうほど。だから間違いなくラーメンが食べたくなり、思わずネットで似たようなタイプの——すなわち、複雑かつ精緻で澄み切ったスープの「淡麗系」ラーメンを探してしまいます。

そのレビューを読み込むと、「とてもおいしい」「あっさりしつつコクがある」といったありふれた賛辞が並ぶ中、めんの相性がどうこう、コスパがどうこう、接客がどうこう、といったささやかな不満を大袈裟に書き立てているものも散見されるはず。好みは人それぞれというよりは、誰もが気分次第で褒めることも貶すこともどちらも可能である、ということのような気がしてなりません。

ならば自分はどちらの態度をとるべきか。本作を読んだ後ならば、その選択の重さにも思いを馳せることになるのではないでしょうか。

短編集『あいにくあんたのためじゃない』には、現代における生きづらさをトリッキーに解決していく、アイデアと希望に溢れた物語が並びます。その中で食べ物とそれを語る言葉は、しばしば重要な役割を担います。まこと食べ物とは、希望の光であり、また厄介の種でもありますね。

森　茉莉《まり》／[編]早川暢子《のぶこ》『貧乏サヴァラン』（ちくま文庫、一九九八年）

私は貧乏でもブリア・サヴァランであるし、精神は貴族なのである。この頃流行の庶民は大嫌いである。

これはビスケットへのこだわりが綴られた中の一節。この本は、森鷗外の娘としても知られる小説家・森茉莉の数多いエッセイの中から、食にまつわるものを中心に編まれたものです。

のっけからこの部分を引用したのを見て、「なるほど、イナダはこの本の中の最も刺激的な部分を抜き出したのだな」と思われる方もいるかもしれません。あたかもネット記事で、本文から最も物議をかもしそうな部分を切り取ってリード文とするように……。しかしその見立ては誤りです。なんとなれば、この本は徹頭徹尾この調子だからです。
作者は……と本題に入ろうとしましたが、作者、著者という主語は、どうにもこの本にふさわしくないような気がしてきました。森茉莉さん、というのも明らかに違います。なのでここでは彼女が度々一人称として用いる「マリア」をお借りしたいと思います。
マリアは、とにかく好き嫌いがはっきりしています。そして嫌いなものに対する舌鋒《ぜっぽう》の鋭さには、一切の容赦がありません。

贋もの贅沢の奥さんが、着物を誇り、夫の何々社長を誇り、擦れ違う女を見くだしているのも貧乏臭いが、もっと困るのは彼女たちの心の奥底に「贅沢」というものを悪いことだと、思っている精神が内在していることである。

前半は、まさに現代の世相に通じるものがあります。いや、こういったことは人の世につきものであり、時代が進むにつれそれが先鋭化していくというだけなのでしょう。それはともかく、後半では、少し首を捻《ひね》ってしまうかもしれません。贅沢というものを悪いことだと思っている？　むしろいいことだと思っているからこそ、それをアピールし続けることで肥大する自己承認欲求を満たしているのでは？　と。

しかし、マリアにとってはそういうありようこそが「贋《にせ》もの贅沢」なのです。では、マリアにとっての本物の贅沢とは何なのか。本書を読み進めるのは、その謎を解き明かす道程とも言えます。

マリアの世界にはマリアの贅沢があります。好きと嫌いを痛快なまでにはっきりと区分し、その中間、つまり、好きでも嫌いでもない、嫌いなものにもいいところがある、といった中庸すら認めないのは、きっとマリアがマリアの世界を守り抜くためなのでしょう。好きと嫌いを分かつ明確な境界線こそが、純粋な世界を守るための強固な結界なのです。

冒頭の引用は、パンと紅茶とビスケットは英国式に限る、と断言する中で出てきた言葉です。マリアは、日本やアメリカのビスケットを認めません。そしてその他の西洋的なものに関しては、イギリスではなくフランスを愛します。マリアが認める街は、パリと戦前の東京です。戦前の東京には「粋」があり、その粋を理解するものはパリの粋も自然と理解するのだ、と、なかなか難解なことも言います。

ハンバーグは「どこの店も同じ」と却下しますが、チキン・カツレツをコカ・コーラと共に、ライスなしで食べます。お刺身は平目を好みます。平目はバタ焼きも好物に挙げています。「番茶、塩煎餅、かりんとうの類」は好きではないようです。ここで言う塩せんべいとは、昔の東京ですから、しょっぱい醬油味のせんべいのことでしょう。あまりに素朴で庶民的すぎるものはマリアの心を捉えないようです。しかし彼女は、抹茶にグラニュー糖を混ぜたものを「即席の上和菓子」として舐《な》めたり、「猫がミルクをなめたような顔」でエヴァ・ミルクにグラニュー糖を入れて直に舐めたりもします。

日本酒は、飲んでいる人のいる部屋も嫌いだと言います。ですが、芸者、役者、噺家《はなしか》のいる部屋なら座ってもいいと、ずいぶん勝手なことも言います。そういう人々の所作には、粋な美しさがあるに違いないからだそうです。

白ワインは、かつて飲んだシャトー物の味は忘れてしまったけど、今はライン・ワインや、渋谷で見つけた淡白な辛口ワインを好みます。リキュールやウイスキーは香りが好きで、安酒であるはずのトリスにも木樽《きだる》の良い香を感じ取り、少々戸惑ったこともあるようです。

　こうやって断片的に書き連ねていくだけでも、マリアの好き／嫌いの結界は、なんとなくわかってくるかもしれません。そこにはどこか既視感めいたものも感じます。それはある年代の少女たちが持つ、自分を取り巻く世界を、美しいもの、可愛らしいもの、おしゃれなものだけで純粋に構築したいと願う、あの世界観です。実際マリアは、「永遠の少女」「筋金入りのお嬢様」と評されることもあるようです。ただし僕は、そういう惹句《じやつく》すら、彼女に対しては安っぽすぎるような気すらします。

　そんなマリアに、もし僕が料理を振る舞うとしたら、どういうものを購《あがな》ってどういうものをこしらえるだろう、という職業病のような想像をついついしてしまいます。それはなかなかの難事業と思えるかもしれませんが、実はそうでもなさそうです。彼女の好き嫌いがわかりやすく、強固な思想のもとに一貫しているから、というだけのことでもありません。僭越なことを言いますが、彼女の食に対する価値観は、僕自身のそれと案外重なっているところも多いからです。僕は彼女のように良家の子息だったことも、お手伝いさんに囲まれて暮らしたことも一切ないのですが。

この本を初めて読んだのは確か二〇年近く前のことだったのですが、読み始めてすぐに、そんな「価値観の相似」には気が付きました。そこにはまがうかたなき共感や、頼もしすぎる先達に対する憧れもありました。なんて気高い本なのだろう、と感嘆もしました。

しかし正直に言うと、その時は結局途中で読むことを諦めてしまい、読了しないまま、それは本棚の隅に埋もれることになったのです。嫌いなものに対する辛辣さを、受け止めきれなかったというのもあったかもしれません。更に当時の僕は、貧乏とまで言うのは世間に失礼かもしれませんが、先行きの全く見えない中で日銭を稼ぐのがやっとで、彼女が自虐的に書く「貧乏」に対し「いい気なものだな」という感情を抑えきれなかったからでもあったと思います。

もう一つの理由は文体です。ただし、好き嫌いで言えば、間違いなく好きではありました。しかしそれを僕は「美しく流れるような読みにくさ」とも捉えていました。何を言っているかさっぱりわからないでしょうから、少し引用してみます。驚愕《きょうがく》の「一句点一五読点」です！

用簞笥の上のボッチチェリの「春」の女神の部分画も、白銀色のレジョン・ドヌウルを胸につけた、素晴しいプルウストの写真も、薄白い緑色のアニゼットの空壜も、すべての綺麗なものが、これから切り抜くことになっている新聞紙の山の向うに影を没してしまっていて、菫の洋皿や、今にも消え去りそうな、羊の横顔が底に沈んでいる洋杯《コップ》も、強烈な裸電灯の光が散乱した、洋杯の上の光の屑も、深い紅の砂糖入れの上で燃え上っていた白い光も、載せてあった台が、本や雑誌の置き場になったために、部屋の一隅の茶箱の上に追いやられ、すべての輝いていたものは埃を被って光を失っていた。

なにせ当時の僕は読了まで至らなかったこの本ですが、そのくせになぜかこの本を、心から愛する本の一冊として、ずっと心に記憶してきました。「お気に入りの食エッセイを紹介してください」という、いわゆる選書の依頼に対して、寸評と共にこの本を挙げたこともありました。何度も言いますが、読み切っていないにもかかわらずです。酷《ひど》い話です。ごめんよマリア。

そんな本書を、二〇年ぶりに紐解いたのがこの数日でした。美しく流れるような文体は、何を描写しているのかよくわからないまま、歌詞のように心に直接スッと入ってきました。辛辣な悪口は（最近の世の中でここまでストレートなものを滅多に目にしないせいか）ただただ痛快でした。マリアの境遇に嫉妬して「貧乏」という言葉に過剰反応することも幸いありませんでした。

美しく、可愛らしく、おしゃれな食べ物に満ちた、マリアの完璧な世界だけがそこにありました。

あとがき

「人生に必要なことは全て○○から学んだ」

という定型句があります。これまで見聞きした○○に入る言葉を有名無名関係なく思い付くままに挙げてみると、プロレス、水木しげる、パンク、野球、スタートレック、ストリート、麻雀、ドラゴンボール、落語、などなど、いくらでも出てきそうです。

僕の場合、○○に入るのはさしずめ「食べ物」ないしは「料理」ということになるのでしょう。冷静に考えると食べ物以外にも、インディーポップ、つげ義春、SF……他にいろいろなものも続々登場してくるような気がしますが、どう考えても食べ物は最大級であり、その最大級をあえて「全て」と言い切ることこそが、この構文の意義です。

「全てを学んだ」の「全て」とはいったい何なのか。教訓であったり生き方であったり価値観であったり、そこには様々な要素がありそうですが、僕はそれを、世界を知り、世界と繋がることと捉えています。様々な○○に入るものは概ねそのための媒介物であり、少なくとも僕は、食べ物を通して世界を知り、世界と繋がることができたと思っています。世の中には、何にも頼らずダイレクトに世界と繋がることのできる羨ましい人々も多く存在するように見えます。世間で「陽キャ」と言われるような人々がそのイメージですが、もちろんそれは単なるやっかみであり、彼らもやっぱり我々のよく知らない何かしらに縋ってしか世界と繋がれないのかもしれません。純粋な陽キャなんて、実はどこにも存在しないんですよ、きっと。

○○に入るものとして、世界最大のものは「本」なのかもしれません。よく考えたら僕にとってもそうですし、少なくとも、本について書かれたこの本を手に取り、最後の「あとがき」まで読み進めているそこのあなたなら、きっとブンブン首を縦に振って賛同してくれることでしょう。主にリアルな人間関係を通じて世界を知ってきた（あくまでイメージ上の）陽キャと違い、我々（という主語をあえて用いますが）は、本で世界の多くを知ってきた。そしてしかる後に、現実の世界でそれを確認したり、確認せずともそれが世界の一部になっていったりしたわけです。

僕にとって「食べ物に関して書かれた本」は、まさにそういうものでした。本からは様々な未知なる食べ物を知り、いつか実際にそれを体験することを夢見て胸を躍らせました。あるいはよく知っているはずの食べ物の、それまで気付いていなかった価値を知り、世界が少し違って見えてくるようにもなりました。

そういった経験がなかったら、どう考えても僕が料理人という仕事を選ぶことはなかったはずです。本で自分が知らなかった料理を知り、実際にそれを食べるにはどうすればいいかを画策し、やがて実際に出会う。そうして今度はそれを自分が作れるようになり、誰かに食べてもらう。できればたくさんの人に食べてもらいたいと願い、様々な手段を試みる。そうやって僕は世界と繋がってきました。

料理や食べ物を知るということは、いろいろな時代や場所の文化を知り、そこに生きる人々の人生に思いを馳せることでもあります。その馳せた思いを文章に綴ることも、いつしか僕の仕事の一つとなりました。そうやってまた、僕は世界と繋がります。

そういう意味で、これまでに出会ってきた数々の「食の本」は、一冊一冊がかけがえのない恩人です。世界をまた別の世界に繋ぐことで今回その恩にささやかでも報いることができたなら、それこそが本望です。

稲田俊輔（いなだ しゅんすけ）

料理人、文筆家。鹿児島県生まれ。京都大学卒業後、飲料メーカー勤務を経て円相フードサービスの設立に参加。南インド料理専門店「エリックサウス」をはじめ、和食、ビストロなど、幅広いジャンルの飲食店の展開やメニュー開発を手がける。レシピ本から随筆まで、あらゆる角度から食を探求する書き手としても活躍。著書に『おいしいものでできている』『お客さん物語』『異国の味』『料理人という仕事』ほか多数。

食《しょく》の本《ほん》 ある料理《りょう り》人《にん》の読書録《どく しょ ろく》

集英社新書一二五七F

二〇二五年四月二二日 第一刷発行

著者……稲田俊輔《いな だ しゅんすけ》

発行者……樋口尚也

発行所……株式会社集英社

東京都千代田区一ツ橋二-五-一〇 郵便番号一〇一-八〇五〇

電話 〇三-三二三〇-六三九一（編集部）

〇三-三二三〇-六〇八〇（読者係）

〇三-三二三〇-六三九三（販売部）書店専用

装幀……原 研哉

印刷所……TOPPANクロレ株式会社

製本所……加藤製本株式会社

定価はカバーに表示してあります。

ISBN 978-4-08-721357-7 C0295

集英社新書　好評既刊

文芸・芸術——F

オーケストラ大国アメリカ	山田真一
証言 日中映画人交流	劉 文兵
荒木飛呂彦の奇妙なホラー映画論	荒木飛呂彦
あなたは誰？ 私はここにいる	姜 尚中
フェルメール 静けさの謎を解く	藤田令伊
司馬遼太郎の幻想ロマン	磯貝勝太郎
GANTZなSF映画論	奥 浩哉
世界文学を継ぐ者たち	早川敦子
あの日からの建築	伊東豊雄
至高の日本ジャズ全史	相倉久人
荒木飛呂彦の超偏愛！映画の掟	荒木飛呂彦
水玉の履歴書	草間彌生
ちばてつやが語る「ちばてつや」	ちばてつや
日本映画史110年	四方田犬彦
読書狂《ビブリオマニア》の冒険は終わらない！	三上 延 倉田英之
文豪と京の「庭」「桜」	海野泰男
アート鑑賞、超入門！ 7つの視点	藤田令伊
荒木飛呂彦の漫画術	荒木飛呂彦
世阿弥の世界	増田正造
ヤマザキマリの偏愛ルネサンス美術論	ヤマザキマリ
テロと文学 9・11後のアメリカと世界	上岡伸雄
漱石のことば	姜 尚中
「建築」で日本を変える	伊東豊雄
子規と漱石 友情が育んだ写実の近代	小森陽一
安吾のことば 「正直に生き抜く」ためのヒント	藤沢 周 編
いちまいの絵 生きているうちに見るべき名画	原田マハ
松本清張「隠蔽と暴露」の作家	高橋敏夫
私が愛した映画たち	吉永小百合 取材・構成 立花珠樹
タンゴと日本人	生明俊雄
源氏物語を反体制文学として読んでみる	三田誠広
堀田善衛を読む 世界を知り抜くための羅針盤	池澤夏樹 ほか
三島由紀夫 ふたつの謎	大澤真幸
慶應義塾文学科教授 永井荷風	末延芳晴

a pilot of wisdom

レオナルド・ダ・ヴィンチ ミラノ宮廷のエンターテイナー　斎藤泰弘
モーツァルトは「アマデウス」ではない　石井宏
「井上ひさし」を読む 人生を肯定するまなざし　小森陽一・成田龍一 編著
百田尚樹をぜんぶ読む　杉田俊介・藤田直哉
北澤楽天と岡本一平 日本漫画の二人の祖　竹内一郎
音楽が聴けなくなる日　宮台真司・永田夏来・かがりはるき
谷崎潤一郎　性慾と文学　千葉俊二
英米文学者と読む「約束のネバーランド」　戸田慧
苦海・浄土・日本 石牟礼道子　もだえ神の精神　田中優子
万葉百歌　こころの旅　松本章男
拡張するキュレーション 価値を生み出す技術　暮沢剛巳
最後の文人 石川淳の世界　田中優子・小林ふみ子 ほか
職業としてのシネマ　髙野てるみ
演劇入門 生きることは演じること　鴻上尚史
ドストエフスキー　黒い言葉　亀山郁夫
完全解説ウルトラマン不滅の10大決戦　古谷敏・やくみつる・佐々木徹
文豪と俳句　岸本尚毅

ＥＰＩＣソニーとその時代　スージー鈴木
ショパン・コンクール見聞録　青柳いづみこ
市民オペラ　石田麻子
新海誠 国民的アニメ作家の誕生　土居伸彰
書く力 加藤周一の名文に学ぶ　鷲巣力
死ぬまでに知っておきたい日本美術　山口桂
「鬱屈」の時代をよむ　今野真二
ゲームが教える世界の論点　藤田直哉
シャンソンと日本人　生明俊雄
永遠の映画大国 イタリア名画１２０年史　古賀太
江戸の芸者 近代女優の原像　赤坂治績
反戦川柳人 鶴彬の獄死　佐高信
ハリウッド映画の終焉　宇野維正
死後を生きる生き方　横尾忠則
永遠なる「傷だらけの天使」　山本俊輔・佐藤洋笑
荒木飛呂彦の新・漫画術 悪役の作り方　荒木飛呂彦
新聞記者がネット記事をバズらせるために考えたこと　斉藤友彦

a pilot of wisdom

集英社新書　好評既刊

アメリカの未解決問題
竹田ダニエル／三牧聖子　1247-A
米大統領選と並走しつつ、大手メディアの矛盾や民主主義への危機感、日米関係の未来について緊急対談。

はじめての日本国債
服部孝洋　1248-A
「国の借金」の仕組みがわかれば、日本経済の動向がわかる。市場操作、為替、保険など、国債から考える。

働くことの小さな革命 ルポ 日本の「社会的連帯経済」
工藤律子　1249-B
資本主義に代わる、「つながりの経済」とは？　小さなコモンを育む人々を描く、希望のルポルタージュ。

新聞記者がネット記事をバズらせるために考えたこと
斉藤友彦　1250-F
ネット記事で三〇〇万PVを数々叩き出してきた共同通信社の記者が、デジタル時代の文章術を指南する。

人生は生い立ちが8割 見えない貧困は連鎖する
ヒオカ　1251-B
実体験とデータから貧困連鎖の仕組みを明らかに。東京大学山口慎太郎教授との対談では貧困対策等を検討。

アセクシュアル アロマンティック入門 性的惹かれや恋愛感情を持たない人たち
松浦　優　1252-B
LGBTに関する議論から取りこぼされてきた、セクシュアリティを通じて、性愛や恋愛の常識を再考する。

女性政治家が増えたら何が変わるのか
秋山訓子　1253-A
日本で広がる変化の兆しや海外の事例を丹念に取材。誰もが生きやすい社会になることを可視化する新論点。

日本型組織のドミノ崩壊はなぜ始まったか
太田　肇　1254-B
フジテレビや東芝など名だたる企業の不祥事が続く昨今。組織論研究の第一人者がその原因と改善策を提言。

父が牛飼いになった理由《わけ》 〈ノンフィクション〉
河﨑秋子　1255-N
実家の牧場の歴史を遡り明らかになる、二〇世紀の北海道と酪農史とは。直木賞作家による実話。

野性のスポーツ哲学 「ネアンデルタール人」はこう考える
室伏重信　1256-C
「アジアの鉄人」と呼ばれたハンマー投げ選手が明かす究極のコーチングとは？　室伏広治との対談も収録。

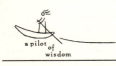